UNE TURQUIE NOUVELLE POUR LES TURCS

La Turquie en images

CHAUDE ALARME

— Majesté vous pouvez sortir et respirer un peu, le Parlement va supprimer la peine de mort.

(*Le Ruy-Blas*, de Paris, 19 septembre 1908.)

JOHN GRAND-CARTERET

UNE TURQUIE NOUVELLE POUR LES TURCS

La Turquie
en images

Désireux de hâter le repeuplement de l'Arménie,
S. H. Abdul Hamid II y enverra son harem.

(*La Chronique Amusante*, de Paris, pronostics de 1909.)

230 Illustrations

ÉDITION PHOTOGRAPHIQUE
54, RUE LAMARTINE, 54
PARIS

AUX PRÉCURSEURS DE LA RÉNOVATION TURQUE,

AUX GRANDS MINISTRES D'AUTREFOIS,

RECHID, AALI, FUAD,

AUX POËTES, AUX INTELLECTUELS,

AUX KEMAL, AUX ZIA, AUX FAZYL,

AUX FONDATEURS DU COMITÉ *Union-Progrès*,

AUX JEUNES TURCS,

Ce livre de propagande turcophile

est bien sympathiquement dédié par l'Auteur.

J. G.-C.

عثمانلیلری نائل حریت ایدن

رجال اسبقه محترمه دن

رشید عالی و فؤاد پاشالره

شعرای اعظام و ادبای کرام کمال،

ضیاء و فاضل ذوات عالیه لرینه

اتحاد و ترقی جمعیتی ارکاننده اولان

احرار ملتدن بر اثر محرری

طرفندن تقدیم اولنشدر

Kikeriki. — Tiens, tiens, voilà où sont cachés tous les commissaires des grandes Puissances ! Et ce sont eux qui doivent veiller aux réformes !

(*Kikeriki*, de Vienne, 1903.)

کیکریکی . اشته دول فخیمه‌نك قومیسرلری هپسی ده ترك صاریغنك آلتنه
باشلرینی چكمشلر . گویا بونلر اجرای اصلاحات ایچون كلمشلردی

A SA HAUTESSE ABDUL-HAMID KHAN II,
EMPEREUR DES OTTOMANS.

HAUTESSE,

I

L'Histoire, cette concierge du monde, veut que votre ancêtre, le Sultan Sélim III, qui devait mourir par strangulation — comme au bon vieux temps, alors que Tavernier nous racontait ses aventures de voyage chez le Grand Seigneur — ait, écrivant à son Grand-Vézir sur les tristesses de l'heure présente, émis ce désir, naturel à tout homme, et plus rare chez les souverains :

« Je veux qu'on dise la vérité toute entière ! »

Dire la vérité !

Cela n'est peut-être point aussi facile que semblent le supposer certains esprits.

Car si beaucoup la recherchent, beaucoup, aussi, ne tiennent nullement à avoir des rapports avec elle, qu'ils soient Empereur ou Président de République.

Que la vérité ait été célébrée, glorifiée même, par tous les grands réformateurs, par tous les prophètes, — Mahomet aussi bien que Jésus-Christ, — cela ne fait l'ombre d'aucun doute.

Mais que tous ceux qui gravitent autour du chef de l'Etat, pour le mieux isoler, pour le mieux circonvenir, pour le mieux diriger à leur guise, prennent plaisir à le tromper, c'est là un fait non moins acquis, par cette excellente raison qu'à tous ces courtisans du pouvoir, qu'à tous ces adorateurs du Roi-Soleil, la Vérité apparaît comme une sorte de trouble-fête.

N'est-elle pas, en fait, la Réalité des choses ; celle qui n'admet ni les bassesses ni les intrigues ; celle qui fait résider la grandeur d'un pays, non dans l'éclat des Cours, non dans le faste et le luxe de quelques privilégiés, mais dans le bonheur de ses habitants ; celle qui ne saurait admettre sous aucun prétexte que le gouvernant *— quel qu'il soit, du reste, — opprime, pressure et, encore moins, martyrise le* gouverné.

L'époque des sujets taillables et corvéables à merci est passée, dans ce sens que tous, aujourd'hui, possèdent les moyens légaux pour s'insurger, pour refuser les charges et les impôts qui leur sembleraient dépasser les bornes d'un juste équilibre.

Plus personne, même Empereur, même Satrape, même Shah, même Sultan, ne règne sur son peuple : *tôt ou tard, il lui faut compter avec d'autres, avec un groupe plus ou moins nombreux, qui constitue toujours une sorte d'opinion publique.*

Est-ce à dire que tout soit parfait dans nos sociétés modernes ; que l'organisme actuel ait la précision idéale d'un mouvement d'horlogerie impeccable ?

Non certes !

Partout, même en République, le jeu des institutions peut être faussé ; partout le favoritisme, l'espionnage, l'anarchie administrative, l'injustice, que sais-je encore, peuvent annihiler l'heureux effet des lois ; partout les gouvernants, en favorisant, avant tout, les particuliers, en appelant le plus de gens à la grande curée des places, des honneurs, de l'argent et des plaisirs, peuvent conduire le pays à une sorte de déchéance bien proche de sa chute morale.

Ce sont même, là, choses courantes, à une époque comme la nôtre où les mots se trouvent jouer un rôle capital, où les institutions amoindries, déformées, n'existent plus que de nom ; où, loin d'avoir disparu, tous les abus, toutes les erreurs des anciens régimes ne font que se présenter à nous sous des formes nouvelles, sous des titres nouveaux.

Si bien que, les choses étant ainsi, les chefs multiples des partis au pouvoir, peuvent, en groupe, exercer sur la marche générale du pays, une influence aussi néfaste que la personnalité unique du souverain, Empereur ou Roi.

La grande coupable, c'est la Machine gouvernementale, c'est la caste sociale; c'est ce noyau d'hommes qui prétendent à gouverner, ici en supprimant toutes les libertés, en élevant la méfiance et l'espionnage à la hauteur d'une institution; là, en offrant toutes sortes de libertés... illusoires.

De tous les problèmes humains, la recherche de la Vérité historique se trouve être, par ces raisons, le plus difficile à résoudre.

On en peut facilement juger par ce qui a trait à la personne de Votre Majesté.

Que n'a-t-on pas écrit sur Elle?

De quoi n'a-t-Elle pas été accusée?

— Gladstone flagellant le Sultan à la face de l'Europe.
(*Humoristické Listy*, de Prague, 1896.)

غلادستون علناً حكمداری تأديب ايديور

Et si l'on cherche à s'entourer de renseignements précis, si l'on a recours aux sources, que se passe-t-il?

Toujours la vieille histoire de la médaille à deux faces.

Ici, on vous charge de toutes les noirceurs, on vous accuse de tous les crimes, on vous représente comme le corrupteur de la nation, n'ayant qu'un seul désir : pouvoir exercer sur le pays une domination tyrannique ; un vrai satrape de l'ancien temps ; un monstre n'ayant plus rien d'humain.

Là, en un volume qui fit quelque bruit, on se plaît, au contraire, à énumérer vos qualités ; on enregistre vos bonnes volontés, *on note vos* désirs de bien faire.

Le coupable, ce n'est plus Votre Majesté, mais bien « l'entourage pervers qui lui cache la vérité sur toutes choses, qui ne vit que de malpropretés morales, qui cherche ses propres intérêts au détriment de ceux de l'Etat, qui s'évertue à détruire toutes les bonnes qualités du souverain au profit de ses faiblesses maladives, qui répond « amen ! » à tout ce qu'il dit, et n'en agit qu'à sa guise ».

Pour un peu on couvrirait Votre Majesté des lauriers du martyre, on l'envelopperait de rayons de gloire ! Telle une oraison funèbre tournant à l'apothéose.

Trop de fleurs, en réalité !

Eh bien ! sur ce Sultan — d'aucuns ont dit : maudit — *sur ce Sultan gratifié de qualificatifs aussi terribles que ses titres sont pompeux, qui nous renseignera ; qui,* de lui *et* sur lui, *nous fera connaître la vérité ?*

Votre Majesté elle-même ?

Je n'ose le croire, puisque, de tous les êtres humains, les souverains sont les plus mal qualifiés pour pouvoir mettre en pratique le fameux Gnôti Seauton *des Grecs.*

Alors quoi ?

II

Alors, c'est, peut-être, entre les deux extrêmes qu'il faut choisir ; entre les titres pompeux, qui représentent cette recherche de la grandeur dont on éprouvait, autrefois, le besoin d'entourer le chef suprême, le possesseur du vil troupeau humain, et les qualificatifs haineux, d'autant plus terribles, d'autant plus immodérés, que nous avons affaire, ici, à des

Orientaux, c'est-à-dire à des peuples qui éprouvent le besoin d'aller, sans cesse, d'une exagération à une autre.

Que Votre Majesté soit le Commandeur des Croyants, *cela n'a rien que de normal ; que votre Majesté soit le* Roi des Rois *— si quelqu'un peut la chicaner sur ce titre, ce ne sont que les Rois, ses frères ; — mais à quoi peuvent bien correspondre, aujourd'hui, ces qualifications bizarres, d'un enthousiasme débordant :*

Ombre de Dieu sur la terre ;
Arbitre unique des destinées du monde ;
Maître des Deux-Terres et des Deux-Mers ;
Souverain de l'Orient et de l'Occident ;

et autres, non moins extravagantes en leurs prétentions ridicules.

Ironie des choses humaines ! Souverain de l'Orient et de l'Occident : *alors que Votre Majesté n'est plus même le* César turc *d'autrefois ; alors que tant de terres se sont détachées de son Empire, à la recherche d'un monde meilleur ; alors que, loin d'avoir jamais été l'arbitre unique des destinées du monde, Elle ne fut jamais l'arbitre de quoi que ce soit !*

Titres pompeux qui sonnent creux ! Titres dont l'emphase répond bien mal à la réalité des choses !

Et c'est ainsi qu'ici, comme partout, se manifeste nettement la rupture entre le passé et le présent, tant ces qualificatifs admirateurs, si peu en rapport avec la médiocrité actuelle, apparaissent comme autant de défis à la raison humaine.

Le bluff politique, monarchique, avant le bluff commercial ; le satrapisme, le roysoleilisme *précédant l'américanisme.*

« Je suis le plus titré, le plus haut, le plus grand, le plus vénéré, le plus immortel des souverains » — pouvait tout au moins affirmer, si ce n'est croire, le monarque ainsi agrémenté de qualificatifs stupéfiants ; — « je suis le meilleur, le plus parfumé, le plus digestif des chocolats ! » nous dit sans broncher le produit dont l'infériorité ne fait doute pour personne.

Comparez et dites si ce n'est pas toujours la même chanson.

III

Après les titres dûment établis sur parchemin, les surnoms ! D'aucuns, parmi ceux qui ont pour mission d'emboucher les trompettes de la Gloire, destinées à célébrer Votre Impériale Personne dans le monde entier, vous ont qualifié le Glorieux, le Victorieux, *surnoms peut-être un peu emphatiques pour le souverain qui, malheureusement, de la Gloire et de la Victoire, ne connut guère que les revers.*

D'autres, il est vrai, dont la mission, quelque peu différente, ne consiste pas à vous brûler l'encens sous le nez, se sont montrés moins enthousiastes, mais tout aussi énergiques dans les violences de leurs épithètes.

Est-ce que Gladstone, lors des massacres d'Arménie, ne vous a pas publiquement dénoncé en plein Parlement — donc c'est un qualificatif dont il est bien permis de se servir — comme le Great Assassin *; est-ce que l'historien Vandal, un modéré, plein de tendresse pour les monarques, ne vous a pas qualifié le* Sultan Rouge *— ce qui a permis à d'autres de vous transformer en* Sultan Rose *et même en* Sultan Blême *; est-ce que les mots classiques de* tyran, *de* despote fou d'épouvante, *de* petit Néron, *de* Louis XI au petit pied, *n'ont pas été prononcés à votre égard? Est-ce que, dans leur besoin immodéré de couleur, de comparaison outrancière, vos ennemis ottomans ne vous ont pas rapproché des inquisiteurs catholiques ou des tortionnaires chinois ?*

Les aménités des épithètes politiques ne vous ont pas été plus épargnées que s'il s'était agi d'un dialogue d'amour entre vulgaires députés.

Eh bien ! la Caricature, elle, dont vous trouverez ici un ensemble, réuni par mes soins, aura été relativement moins dure à votre égard que les Livres Jaune, Blanc *ou* Bleu *des grands Etats européens.*

La Caricature, la grande Irrespectueuse, a vu surtout en vous, l'Homme malade, *l'homme atteint d'une maladie chronique, aujourd'hui à deux doigts de sa perte, demain remis d'aplomb, finissant, avec ces hauts et ces bas, par constituer pour l'Histoire un personnage peu banal :* le Malade bien portant.

L'Homme Malade *que l'Europe attentive à votre chevet où*

figurent, empressés, tous ses représentants, soigne avec mille prévenances, mais que, sans égards, elle ampute encore mieux, vous coupant bras et jambes, tant et si bien qu'un jour cet Homme Malade, *aujourd'hui classique, se trouvera transformé en* Homme-tronc, *de façon tout à fait imprévue.*

L'Homme-tronc, *état peu enviable, mais qui, après tout, caractérise assez exactement la situation que les événements ont créée à Votre Hautesse.*

Sans se faire votre défenseur avéré — ce qui, avouez-le, ne conviendrait guère à son rôle — la Caricature ne s'est pas, aussi facilement que les orateurs et les politiciens, laissé attendrir par les larmes crocodilesques *de*

— Desperado avec son saut de la mort dépassé par le Sultan désespéré.
(*Kikeriki*, de Vienne, août 1908.)

(*) Le Sultan se précipite du haut du palais de l'Absolutisme sur le tapis tendu de la Constitution.

سرای مطلقیتده سلطان کندیسنی اشاغیه آتیور،
مشروطیتک سردیگی حالینک اوزرینه دوشجک

ces bons Etats européens, défenseurs attitrés de la morale publique; — elle a pensé que, pour des redresseurs de torts, pour des vengeurs du droit opprimé, ils avaient, eux aussi, plus d'un péché, plus d'un massacre à se reprocher, qui, pour n'être ni arméniens ni macédoniens, n'en étaient pas moins contraires aux sentiments humains et, tout particulièrement, à cette doctrine chrétienne au nom de laquelle ils prétendent intervenir; — elle a montré, enfin, par des images d'une éloquence saisissante que tous les sultans, tous les Abdul-Hamid n'étaient pas à Constantinople.

Et c'est ainsi que Votre Majesté se trouve avoir en la Caricature non une alliée, non, encore moins, une stipendiée, mais bien l'Éternelle Justicière clouant au pilori de l'Histoire ces chrétiens hypocrites qui égorgent ou tyrannisent des populations pour les besoins de leurs ambitions et qui seraient prêts encore à engager l'Europe dans la grande croisade de la Foi (!!) contre le Turc et à ameuter tous les pacifiques contre Abdul-Hamid, le boucher, *contre* Abdul-Hamid, le bourreau.

Oh certes! elle ne vous a pas encensé, la Caricature — et on ne saurait l'en blâmer — elle n'a cessé de montrer en vous le malade, le nerveux, le neurasthénique; le cruel par peur; elle vous a représenté captif volontaire dans vos murailles de Yildiz — tel le pape dans son Vatican; — elle a même fait de vous une sorte de Louis II turc, invisible et insociable, ennemi-né du téléphone, de la lumière électrique, de l'aérostation. Pas de bruit, pas de gêneur, pas de mouvement, et le moins de jour possible. Telle serait, à l'entendre, votre devise.

Mais aujourd'hui, en présence du retour au régime constitutionnel que vous aviez, jadis, juré de respecter et de développer, en présence de votre magnanimité, pour ne pas dire de votre indifférence, il semble que tout cela doive être relégué au second plan.

Et un nouveau Sultan, un nouvel Abdul-Hamid apparaît, suprême habileté, non plus tragique comme l'ancien, mais bien plutôt débonnaire; un Abdul-Hamid constitutionnel par force; un Abdul-Hamid qui a laissé faire la Révolution, — pour un tyran, pour un tigre altéré de sang, *le geste n'est point banal! — un Abdul-Hamid qui prend part au bonheur de son peuple et qui reçoit les félicitations de cette Europe qui, des années durant, se plut tant à le démembrer.*

Sans doute, les courtisans auront beau jeu. La Caricature, elle, s'empresse de vous débarrasser de béquilles devenues inutiles, et ne peut vous souhaiter qu'une chose, puisque vos sujets viennent de faire un 1789 : ne point finir comme Louis XVI.

Particulièrement bonne fille à votre égard, elle s'est généralement abstenue de menaces et même de ces pronostics au goût douteux dont elle fut si généreuse à l'égard d'un autre Pape-Empereur, votre Frère en amputation, Nicolas II.

Vraiment grand, généreux et magnanime, votre peuple ne vous a ni détrôné, ni molesté ; il s'est contenté de vous faire prisonnier de ses idées.

Jadis, au théâtre, l'Eunuque malgré lui *obtint les suffrages du public. Puissiez-vous gagner les suffrages de votre peuple en faisant* le Sultan constitutionnel malgré lui !

C'est, tout au moins, ce que vous souhaitent ceux qui ne poussent pas la férocité jusqu'à vouloir la mort du pécheur.

J. Grand-Carteret.

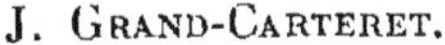

— Je viens vous prier, Monsieur le Préfet, de me prêter un certain nombre d'agents des brigades centrales pour servir d'instructeurs à nos Bachi-Bouzoucks.

(*La Chronique amusante*, de Paris, 1903).

فرانسه پولیس ناظرینه خطاباً
باشی بوزوقلرمزک تحصیل و تربیه‌سی
ایچون پولیس مأمورلرکزدن بعضلرینی
بزه گوندرمکزی رجا ایدرز

— Une position de John Bull que les autres Puissances, avec leur politique balkanique, pourraient fort bien provoquer.

(*Kikeriki*, de Vienne, mai 1908.)

[illegible]
[illegible]

AUX JEUNES-TURCS, RÉNOVATEURS DE LA TURQUIE.

MESSIEURS,

Il est des innovateurs dans tous les domaines, et c'est à vous, ardents patriotes de la Jeune-Turquie, que nous devons la constatation de ce fait.

Vous venez de nous prouver qu'il en est même en politique, c'est-à-dire dans un domaine très spécial que l'on pouvait croire hermétiquement fermé à certaines façons de procéder.

Jusqu'à ce jour, en effet, qu'elle vînt d'Angleterre ou de France, d'Allemagne ou d'Italie, la Révolution était un fait toujours identique, opérant d'après des formules classiques; c'était, si l'on peut s'exprimer ainsi, une manifestation bruyante, ne reculant pas devant les violences et provoquant facilement des désordres.

Cela est si vrai que qui dit Révolution — qu'il s'agisse de 1789, de 1830, de 1848 ou de 1870 — exprime toujours plus ou moins une pensée de guerre civile, de monarque détrôné, chassé, heureux encore quand la guillotine ne se met pas de la partie, j'allais dire de la fête.

La Révolution marchait dans l'Histoire précédée d'une mauvaise réputation — ceci dit pour les âmes sensibles. Et effectivement, c'était, à la fois, quelque chose de très grand et de très redoutable ; l'appel à tous les extrêmes dans le domaine des sentiments humains ; c'était comme un retour aux âges héroïques, comme un brusque abandon de la vie prosaïque et méthodiquement réglée qui se trouve être, par la force des choses, la base de la société moderne.

C'était comme un entr'acte, mais un entr'acte d'une nature tout à fait particulière, durant lequel, loin de se reposer, l'on vivrait d'une existence surchauffée, dans la fièvre constante des bouleversements et de la gestation.

C'était, surtout, un événement à allure dramatique, apportant dans la rue quelque chose des gestes, des exclamations, des tableaux, des costumes du théâtre ; c'était, en quelque sorte, comme du romantisme en action.

La Révolution restait l'esclave de la Tradition, et quelle tradition !

Or, voici que grâce à vous, messieurs de la Jeune-Turquie, grâce au fameux comité Union et Progrès, *toute une révolution semble vouloir s'accomplir dans la Révolution.*

Jusqu'alors, il fallait avant tout détruire un système politique et renverser son représentant. Il fallait bouleverser, révolutionner l'état social.

Combien différemment vous avez opéré !

Après la journée du 23 juillet 1908 qui vit la renaissance du rétablissement pacifique des libertés constitutionnelles confisquées par le bon plaisir d'un personnage à idées tyranniques, l'on peut dire qu'un esprit nouveau paraît être entré dans l'Histoire.

Et cet esprit, quel est-il ?

Qu'à moins de renverser une monarchie pour la remplacer par une polyarchie, il est tout à fait inutile de renverser un souverain pour lui en substituer un autre ; que bien mieux vaut le forcer à se faire, lui-même, l'exécuteur des idées jadis combattues par lui, si bien que, quoique continuant à régner officiellement, il ne gouverne en réalité plus rien.

Au souverain, maître de son peuple et en usant à sa guise, vous avez ainsi substitué le souverain esclave de son peuple.

Et c'est grâce à cette théorie point banale que l'Europe

étonnée, surprise, a pu voir subitement Abdul-Hamid métamorphosé par un coup de baguette magique, en prince constitutionnel, obligé de prodiguer marques de bienveillance et de gratitude à ces Jeunes-Turcs dont le nom seul constituait jusqu'alors pour lui la plus grave des injures; Abdul-Hamid allant jusqu'à solliciter la présidence d'honneur de ce comité Union et Progrès *qui fut pour lui la cause de tout le mal, qui lui dicte, qui lui impose, aujourd'hui, ses volontés, après avoir renversé, annihilé son régime.*

Tant de bassesse, direz-vous, entre t-elle donc dans l'âme des humains ?

En vérité, que ce soit bassesse, ruse, astuce, désir de conserver jusqu'aux apparences du pouvoir, et, mieux encore, obligation de sauver son existence, le motif importe peu.

L'important c'est que le Roi des Rois *s'est suicidé en acceptant de remplir un rôle de pur pantin, en se montrant à l'Europe, le Roi des comédiens.*

Et voici donc le Vieux-Turc *endurci devenu, pour la galerie tout au moins, un fringant* Jeune-Turc.

Fringant! Est-ce bien, en réalité, le qualificatif qui lui convient ?

La caricature, vous pouvez le voir en feuilletant ces images, le lui octroiera quelquefois, mais, souvent aussi, sous le crayon des artistes, Abdul-Hamid, entouré de son sérail, déclarera piteusement qu'il est bien trop vieux pour redevenir jamais un Jeune-Turc.

Jeux de mots, images à double sens qui vous montreront qu'en Europe, plus encore que dans le pays de Karaguez, tout, — même les évolutions les moins banales — finit par des bons mots, des calembours et des grivoiseries.

Et cependant, ces mots devenus si populaires, grâce à vous, — Vieux-Turcs, Jeunes-Turcs, Vieille-Turquie, Jeune-Turquie, — *hier encore étaient inconnus, ignorés de notre public.*

Vieux-Turcs, Jeunes-Turcs, *tout un monde ; l'avant et l'après de la Révolution comme si, dès à présent, celle-ci devait être considérée comme la grande régénératrice qui laissera dans l'histoire de Turquie la marque ineffaçable de son passage!*

Et c'est pourquoi les images ici recueillies ont été également, par nos soins, soigneusement étiquetées et classées, suivant *qu'elles appartiennent à ce qui restera pour toujours l'*ancien Régime, *ou qu'elles donnent l'impression générale de l'Europe devant le* nouveau Régime turc.

Mais qu'elles s'appliquent au passé ou au présent, la plupart de ces estampes caricaturales sont, vous le verrez, favorables à la Turquie, au peuple turc, aux esprits éminents qui furent les précurseurs du parti actuel de la rénovation, à ces Jeunes-Turcs qui ont attaqué et si heureusement atteint le régime hamidien, satisfaits de pouvoir montrer à l'Europe tout ce qu'il y a de grandeur et d'esprit de sacrifice dans l'âme ottomane.

Car ce sera l'éternel honneur du vingtième siècle d'avoir mis à nu l'âme des peuples et d'avoir en quelque sorte préparé, par ce moyen, la grande confédération future.

Vieux-Turcs, Jeunes-Turcs ! Peut-on, en vérité, écrire ces mots sans remonter dans le passé, sans se souvenir qu'au lendemain de 1789, les Allemands avaient si bien compris et apprécié l'importance de notre Révolution que, dans tous leurs écrits, on vit aussitôt apparaître ces qualifications d'« anciens Français » et « de nouveaux Français ».

Grâce à vous, nobles combattants de la Jeune-Turquie, *il y aura de* nouveaux Turcs *et une* Turquie régénérée, *comme on vit, jadis, de* nouveaux Français *et une* France régénérée.

Grâce à vous, également, il semble que la politique des violences, des exécutions sommaires, des tueries imbéciles doive à jamais être abandonnée ; grâce à vous, une notion nouvelle de la Révolution peu à peu va se faire jour, et à la tradition française de 1793 succédera, on est en droit de l'espérer, la tradition turque du 23 juillet 1908 !

Un dernier mot.

Ce que ces images vous montreront sous des formes multiples, alors même que le crayon de nos dessinateurs a pu jouer plus ou moins révérencieusement avec l'eunuchisme, avec votre croissant transformé en quart de lune, avec les harems, c'est que :

Entre vous et Abdul-Hamid il n'y a jamais eu confusion; c'est que la vieille Europe des compromis, des conférences diplomatiques et des concerts a toujours été sévèrement jugée par les grands satiristes européens ; c'est que, ici comme partout, prenant en main la défense de la liberté des peuples, la caricature hollandaise a dressé par le crayon les plus violents réquisitoires qui se puissent voir contre les perfidies des gouvernements européens.

Contre le Sultan, pour la Turquie, n'est-ce donc pas faire cause commune avec vous, apporter une pierre à votre édifice ?

Et, puisque vous avez coupé les ongles au pouvoir personnel, n'estimez-vous pas qu'il y a intérêt à ce que la Turquie régénérée apprenne à connaître ce que l'on pensait, en Europe, et d'Abdul-Hamid et de ce pouvoir personnel!

Ce n'est pas seulement une page nouvelle du grand livre de l'Histoire qui va s'ouvrir devant vous ; c'est en quelque sorte une Turquie inconnue, *qu'il y avait nécessité à vous faire connaître, une Turquie vue sous des aspects divers et dans des cas différents.*

Et c'est pourquoi je souhaite « que ma Turquie inconnue » devienne bientôt, pour vous, la plus connue des Turquies.

J. Grand-Carteret.

— Le Soleil de la Constitution se levant pour la plus grande joie des croyants et des incrédules.

(*Kladderadatsch*, de Berlin.)

معتقد و كافری بلا تفریق سعادت
عامه ایچون شمس مشروطیت طلوع
ایدیور

ذات شوكتسمات حضرت پادشاهیه

شوكتلو پادشاهم .

امور عالمك اقتضاسی عد اولنان تاریخ نوع بشر مشهور سیاحلر وزونا تار ودرفینك روایتنه موسساً اجداد شاهانه‌لرنده جنتمکان سلطان سلیم طرفندن لندی وزیرینه حقیقت حالده كاملاً داخل اولمه آرزوسنی بیاننده بولنمقدرینی بلدیرمك بو حسك بیله جمعنده موجود طبه اولنجه رغماً على الخصوص هكذا ارفندار اشولعه اولیور . فی الواقع حضرت محمد دینه حضرت عیسی‌یه دکین حقیقت دینلیه شی موسسیه مذاهب طرفندن تعقیب ایدلشدر كمه بو حقوقده اعتماد ایدیور نقلی رؤسا امره بر استقامت مخصوصه ویریلمك قصدیه انفری احاطه ایدنلی مأموریه درجه‌ی بو حقیقت حالی مخفی و مکتوم قیلیورلر . برنوعده حقیقته طرفدار اولمه بر نوع اویومه بوز سجلعه عبارت بولنیور .

حقیقته نقطهٔ نظرمزه بر مملكتك درجهٔ كمال وعلوسی بر طائفهٔ منتظمه و مستقیم مراسم وعاداته ویا فوقلسب اقتدار ایمنه اصحاب نفوذك آثار جسورانه لرینه متوقف دكلدر . انك عندنده برآمره تابع اولنده بر حالی ازالمك ایچی

ذات شاهانه‌یه بر مکتوب

قالیور. لله الحمد بوکون هرکس کندی حقوق بشریه‌سنی بیلمکه باشلیور. او درجه

درجهٔ اقتداره ایرشمش ملتلر مافوقنده اوله‌رق بر تقلیدی بلا استثنا کمال تواضع ایله تحمل

ایتمک زمانلری کچمشدر. بوکونکی دنیاده بر حکمدار روحانی سلطه و الحاصل بر رأس

الحکومه اهالینک محو و اتفاقنی موجب اولمه‌یه جمهوریتده اداره بیلک ایدمز.

ما فوقنده ظهور اولنامه اهالیسنه حساب ویرمک مجبوریتی کلیور.

مقصدم احوال حاضرهٔ اجتماعیه‌مزک بر درجهٔ کمال و تمامیتی حائز اولمسی

اولدیغنی سویلمک دکلدر. حاشا!.. هر برمز حکومتده انقاضی خفیه‌لک

رشوت والحاصل تأسیس عدالتی فلج ایدن اسباب کثیره موجوددر. تأسیسات

اجتماعیه‌مزده حکم کلیسی تقلید ایدیکمز سوء استعمالات یوزندن شکل و

مقصد اصلیه‌سنی غیب ایدرک مرجوعیتلری یالکز بر اسمدن عبارت قالیور.

بر چوق اشکال و اسماء جدیده ازمنهٔ سابقه‌دن منتقل آثار ظلمی یستر

ایدیورلر. او دیمککه امور حکومتک اداره‌سنی الده ایدن بیک جوجه نفا اهل مأمورلر

مسئولیتلری مجبور اوله‌رق حکمدارانده زیاده نوع بشره مضر خدمتلر ایفا

ایدیورلر.

جمعیت بشریه‌ده مشاهده اولنان مثالات مذکوره‌دن منشأ تحری اولدقده

مصالح عامه اداره‌سی ایچون بر نوع القدیم اتخاذ اولنان مکتب اصولنده کورلیور.

ذات شاهانه‌یه بر مكتوب

حاكميتك حقوق وحريت انسانيه‌يه اعدا ايدن اسبابى حاوى بولنديغى
بر ميراثى در حالنده لزومى حس اولنان مسائل انسانيه‌ده‌ن الڭ مشكلى
حقيقتا تاريخه قاليور. تمام حكمدارلرڭ و دها زياده ملتلرڭ هر طرز تقييمات
و بوندن علمى اولارق تماشاكارانه طرفندن اظهار ايدلنه‌له آثار فوائد سه عرصه
اتيه بيلمز فكر مراقبات قوى عد اولنه بيلور. معلومات تامه و منابع موثوقه
استحصالنه كلنجه حقيقة مداليه‌نڭ ايكى يوزينى ده كورمك ايجاب ايديور
آلمان مفكرلرينڭ افاده‌لرينه باقيلور ايسه ممالك عثمانيه‌ده وقوعبولان هر
درلو اويغونسوزلقلرڭ هر نوع مصائب و فلاكتڭ مسؤليتى ذات شاهانه
لرينه اوزرلرنده قالمه جقدر. ديگر طرفدن يگرميه ذات شاهانه‌لرينڭ هر بر
افعال و افكارينى بعضه ذواتڭ تقدير و تحسينى موجب اوليور نيات
و آمال شاهانه‌لرينڭ مخلصى يالڭز اطرافده بولنانه وكلا و مشاورلر اوليه
كه ذات شاهانه‌لرى عادتا بر حيه معصوم حالنى قساييورلر. بناء عليه
بعضيلرڭ عندنده موجب لعنت و ديگرلرى ايچون موجب بركت، بعضيلرى
نزدنده مكروه و بعضيلرنزده مقدس بولنديغى حالده حال ويا استقبالده
حقيقتا اصليه تاريخده بزه كيم معلومات ويره جكدر؟

ذات شاهانه‌لرى بالذات مى؟ ..

ذات شاهانه‌یه بر مكتوب

بو بابده عدیم الامكان كورینیور. كیم اوله بیلیر؟ مادام كه نفسی همایونلری بر طرفدن كلیشلی خصائل سماویه‌یه حاوی القاب ایله دیكر طرفدن ده هر درلو تشنیعاتله ملقب بولنیورلر احتمال كه ان جیئه لیسی جو مبالغه لردن وطننه بر طرفیه نخباء ایجاد ایلجه‌در. ذاتا او مطنطنه القابه شیوه شرقیه‌یه مخصوصدرلر.

ذات شاهانه‌لری عینه حدجوده خلیفة المؤمنینه درلر بو هركسك معلومیدر. وبونك غریب بر شیئی یوقدر. شهنشاه جهانه القابیلده فی منتهیه اولسونكه یوقدرده یالكز سائر حكمدارانه متافقا وجه بیلورلر جلیبو كراتی البيان لعقيب حقیقت تاریخیه‌نك هیچ بر احواله موافقه وكل درلر. ظل الله فی الارضیه، وتاج بخش خسروانه روی زمینه، وجود متاعق القاب زائده

احوال دنیا عجائب در شرقه و غریبه سلطانی عنوانیه كیزمسی تسمیه ایدنه بر سلطانك عظمت فوق العاده‌سی بو نجه مهالك ومخاطراته معجیار اولسه بولنیور. دیو القاب مشعشعه بشرع افكار حاكمه منه نه قدر غریب كورینیور!...

ذات شاهانه‌یه بر مکتوب

بلوف لفظی که اموال تجاریه حقنده بر طرزده اغراقی افاده ایتدیکی موقعده استعمالی
ده آمریقاده ظهور ایتمش تجاری اولمقله چوق اول سیاسی اولمشدر. حکومتلر
ال قوتلیسی ال زنکینی ال مکملی مسلکی دیمک امتعه حقنده اغراقلی بر
جنسده اولدیغی کبی اولمیه‌رق برابر بو چوق قاوده دها بر قیمتلی چوقی
بولنمز. ال اعلاسی ال لذیذی در دیمکله مساوی در. خلاصه سیاسیه
ده ال مشکله کرفتار اولان ذات شاهانه‌لری حقنده ویرلمه
غازی مظفر لقبی بو مقوله بلوفلردندر. و شبهه‌سز اکثریاً
پیس نظرنده موجب استهزا اولیور. فقط بلکه دها معتدل بر لسانه
دها مناسب الفاظ استعمال ایتملیسکز. هیچ مانع مبالغه‌ده یکبری
قالمشدر. ارمنستانده واقع اولان مقاتلات زماننده مجیبا انکلیز
پارلمنتوسنده غلادستون دکل میدی ذات شاهانه‌لرینه جانی کبیر اسمنی
ویرن؟ کذلک مؤرخلرده واندال دکل میدرکه قرمزی سلطان سوزلری
ویمده هرکس برای لطیفه بیلمه‌سنله دیمکده باشلدی. هله متهیج مجنونه
کیوم فردینه لفظلری علی السویه انتشار ایتدی. اوراده وطندن اولندر دکل
می ایدی که ذات شاهانه‌لری کاتولیکه اینکلیز چورکلر خونریز جلادلرینه
تشبیه ایلدیلر خالی قالدیلر؟ فرقینه ساعی اولدیغم شورسلرینک محمو
عه‌سی اوروپاده ولتغینی مهاری. مساوی بیاجیج کتابچه‌ده ذات شاهانه‌نی

ذات شاهانه‌یه بر مکتوب

حقنده منتج اولدقلری شفقت نسبتیله اشاغی قالییور .

قارچقاقور بو بیوک اوقیانوس اوزاقلقی شاهانه‌لرنده خسته آدمی کوریور

بناءً علیه تعادل اماره‌سی کوسترمه‌یه بر خسته‌لقله تقصد ایدییور جهتده

وقد اجتهادات عظیم شانه‌لرنده کسب عافیت ایتمکه باشلیور . بو صورتده

ذات شاهانه‌لرینی احاطه ایدن اشخاصک قیمتلی اعتبار ایتدکلری

عافیت شاهانه‌لری حقنده قطعاً سه اظهار ایدیورلر و جمله‌سی ده بلا استثنا

قطع عضو عملیاتیله مشغول کورنیورلر . و نهایت الامر وقائع حالیه

ذات شاهانه‌لرینک بر کنتون حالینه تحول ایتدیکی موجب اولیور ..

مقصدمز ذات شاهانه‌لرینک مدافعی حیثیتیله کلدر و کلیه انتخابینه

سیه انتخاب ایتدیکز مسلم اولمقدر . و مرأی سیاست و اعظم‌لرنک

کوز یاشلرینی تقبیح و تعییب ایتملی وظیفه عد ایدیورز . سیاسیونک

یوزنده بر جهوده مخلوقیه مخصوص نفرت حقوق بشریه‌لری ایاغه آلتنه آلنمه

و بو تغلبه یاکمو خیالی دیار منی بولندقلری حالده یکنه اسبابی شقاق

میدانده خالی قالمیورلر . بو سعدر کوستریورلرکه خرستیان قلعه فانیه نوع

جنوبی حقنده لعقر و حریت انسانیه‌یه حق حرکات و اطوار بر دوام بولنمه‌ده

ور جهتیله اوزرنده موجود اولان سیئات و مصائبک منبع یکانه‌سی

ذات شاهانه‌یه بر مکتوب

استانبول شهرینه کلدکده ذات شاهانه‌لرینک هیچ بر وقت خاطرمدن فراموش
بیورمدیغی وارلق بر چوق تعرضاته جرأت ایدن دول غربیه عسکریه
استدلال ایتدی مقصدینه خادم بولنمیه‌جغنی وقت ایله بالعکس انلرک
احوال ریاکارانه‌سنی مستغنی ایدی. شبهه‌سز بوکا رغماً قورتارلر
ذات شاهانه‌لرینک خوش کوردیکی حکومت حمایه‌ده صحیحا اولان آثار
نهوالحال ارائه ایتکده عجبا بولنورز. بونلر کذلک ذاتاً جاریلرک
کنج حسب‌الجنانه حالیه جیلدیز ساینده محبوس قالدیغنی واتقیادنه کی
اوجیتی لوی ایله اولان مشابهتی ضیاء الکتریقی نفساً و ساطعی
موجب اولان جدید باقیده و عکس قدرالامکان هر درلو حرکاتک دولتده
مجتنب اولمقلغنی ایجاب ایدیورلر.

حالبوکه بوکونکی ذات شاهانه‌لرک مشروطیت اصولنی وطبیعی اجمل قتیت
علو علیه‌ده بر دور حریت تجلی ایدیور. ذاتاً بونده اوتوز سنه مقدم اصول
جدیده مشروطه‌نک محافظه و استکمالتی اجونه تحلیف حماینه واقع اولمشدی
وبالاده تعداد اولنان احوال مؤلمه حالیه‌ده اوتوز سنه‌دن بری اکلاشیلمشدر عبدالحمید
اداره احداثی سائرسنده هیچ برایشه حاکمیه جغنه هرکس اعتماد ایدیور. وقعه
انقلابات عالمک هیچ بر دوره سنده بو مقوله بر قیوداته تاریخده یوقدر.

ذات شاهانه‌یه بر مکتوب

دیپلوماتیق صحنه‌ده عملی لعملی طرفداری اولان رجال سابقه و حاضره‌نك
اجتهادات و عینیلریده قورتخیه محل یوقدر. . مادامکه ترکیا ایچونده دخی
بر ۱۷۸۹ تاریخی ثبت صحائف اولنیور. تمنیات خالصانه‌من اولدیغی
برادرانه التنجی لوئی فرانسه‌نك لزوم قاطعیسی ده آرزو ایدردم
فارنیقا قوریه فرانچم لزومسز تجدید ایتدیکه و تا اینجا قدرلرمیانه ایتدکی خوشلق
یا اکثر قطع عضو، خصوصیله کلمیه ذات شاهانه‌لریله ایله برمشابهت کوستره
ایکنجی نیقولانك جبایری دخی نظرده قسمنده قاچیریور. بو وقوعات اخیره‌ده
اهالی عثمانیه‌نك ابراز ایتدیکی اطوار حمیتکاراوسی مشایاده تجدید ایدرسه
ذات پادشاهیلریده غضنفر ونه ملل سائره‌ده وقوعبولان اختلاجی
مناسبتسزلكلرینه جرأت ایتمسی جهتله تقدیر ایدیورم. دقیقه تیاقرده
بزوربغیر خادم‌ه اولدیغی بیوك بر موفقیت کسب ایتمه‌دن اقتباله بویله
... مشروطیت طرفداری سلطانه دخی عینه القیشده مظهر اولورسڭ.

ژوله عزاله قارتیره

ترقی و اتحاد جمعیتنه بر مکتوب

اتحاد و ترقی جمعیتی ارکاننه

وعلى العموم مؤسسیه ملته

افندیلر

هر مملكتك كندیسنه مخصوص مؤسسه‌لری اولور. بو فكرك اثباتی ایسه سزه و بر بیوك سكز ای حمیتلی وطنپرورلر! بعضاً انقلابات مسدود قطعه اوطنه ابواب سیاسیت دخی بو حقیقته بری قالمیور و بو ایسه سزلك سایه‌كزده ظاهره كلیور. بولندیغی هر مملكتده ظهوره كلن احتلاللرك كافه‌سنده اوسلوبه فرانسه‌ده‌كی انكلتره‌ده‌كی یاخود ایتالیاده‌كی واما بر اصول بر منوال اوزره جریان ایتمشدرلر. بو اصول ایسه وحشت احوالدن عبارت بولنیور. ۱۷۸۹، ۱۸٤۸، ۱۸۷۵ تاریخلری خلق حكمدارانه حسبیه‌لی دوره‌لر وقائعی خاطره‌لرینه تصویر ایدیلیور. فی الواقع انسانیت فقط مظفره اصلاذی علی الاكثر انقلابات اجتماعیه جنونی المحل انزعه متقدمه بر رجوع تشكیل ایدن مدهشه و متهیج بر شی كورنیور. قنده دایستر احتیاجی موجب اولمه شرطیله یالكز

X

ترقی و اتحاد جمعیتنه بر مكتوب

طرز حیاتمزك سكونتنی ناگهانا اخلال ایدهجك بر نوع قیامته دونمامشدر. بیلنیور كه بر اردونك ترتیبنی استلزام ایدن تفرعاتك كافهسی ده حاوی در. اشغال ملبوسات والحاصل زیاده كتابته انسب اولان بر چوق خیالی احوال. اشته اختلال خصوصلرنده مستعمل اسالیب قدیمهنك نتایج مضرهلری. ایمدی سزك ایسه اختلال دیدیگكز حقیقی بر اختلاله دوچار اولمیور بوكونه دكین اختلالده مقصد اشكال اجتماعیهیی بشقه بر حالده صوقمق احوال سیاسیهیی بشقه بر شكله انقلاب ایتمك ایدی ۱۹۰۸ تموز یگرمی اوچندن اعتبارا بر شخص مستبدك كیف مایشا ادارهء حكومتنه قارشو استعمال اولنان دور حریتده یكی بر فكر قائم ایدیور.

عجبا بو فكر نه در؟
بر حكومت مطلقهیی بر حكومت جمهوریهیه تحویل ایتدرلدكدن صكره حكمدارلره حاكمیتلری خلع ایتمك بر دیگرینه تابع اولهمیهجق انقلابانه حاجت یوقدر. بالخصوص كه ذاتا مقام سلطنتده بولنان حكمدار افكار سابقه شخصیهسنه مستند ادارهء ملكه دوام ایدیوب عموم اوروپا عبد الحمیدك بو طرز تبدیل مزاج ایتمسندن طولایی حیرتده

ترقی و اتحاد جمعیتنه بر مکتوب

حال مشتدر. اویله مستبد بر سلطانک بر وقتده مشروطیت اصولنه طرفدار اولمسی و کنجلره جوق قدر آثار رغبت کوسترمسی اعترافه عد اولنیور. او کنج ترکلرله بو وقتده بر خارجی ای اول هر نوع مهالک و محنه دوچار اولیور ایدیلیر اخلاق اسلامیه‌نی بیله اعتزه المعه حقارتده بر قرنه برشی ایدر و بوکونده او عبد الحمید کنج ترکلرک قوتنه سیاسی اوله‌رق اتحاد و ترقی جمعیتنک ریاستیله افتخار ایتمک آرزوسنده بولنیور. غالب مغلوب اولمه کلدیکی واقع اولمسیله برابر بو وقتده قولنی قصورلرینه معافیت فتنه کوریلیور. مقام سلطنتنی محافظه ایتمک ویا قوه جزائیه‌ده محروم اولمه‌مق اوزره وسائط اشکال افکارینه استعمال ایتسون غرضی فقط سزلره اهمیت اولانه فقط بر شهنشاه جهانک نورحاللره کوره افتخاراً ایلیه‌بیلیر هادیقا بر قیافتده پادشاهلغنه مستقل بولنیورلر. اسکی ترکلک حالنده بو قدر یکی ترک اشکالنه کیرمک!...

مثالی سعد منوده کورلدیکی وجهله منجلار دفعه قیافیه ارتقه کیندیری ایچره کنج‌لشنلک احکامه الحصول برشی اولمدیغنی تسلیم ایدیورلر. لطیفه اشکالنی حاضرلادلانه کنج ترک اسکی ترک

قضیه‌لری که بوکون اوروپا اهالیسی ایچون مجهول ایدی بعض وقایع مهمه و مصالح معتنا حقنده بیله استعمال اولنیورلر. بو قضیه‌لر تاریخ حقیقتده انقلاب کبیرلرله کشاد اولنان بر دور جدیدی اخطار ایدیورلر. رساله‌مز دخی بو انقسامات تاریخیه‌یی نظر اعتباره آلنه‌رق تنظیم اولنمشدر. بر کره احوال سابقه‌یی کوره‌لم دور حاضرک حقنده اولسون اثناسنده موجودیت سیاسیه‌مزک علیهنده بر فکر یوقـ در. علی الخلاف اداره مضمحله‌یی تخریب ایدن اصحاب حمیتمزک اندن اهلیت و فضائلنی اعتراف ایلشمدر.

ازواج احمد الوانه اصلیه‌لرله خصوصیتلری جمهوریت معظمه استقبالینی تدارکات ایدن شانینه قالمه‌جغنه بلا اشتباه ایدر. ۱۷۸۹ فرانسه اختلالی کبی بزده اول آلمانه آثارنده اسکی و یکی فرانسه قضیه‌لرینه مصادف اولنیور. کنج ترکیا سایه‌سنده ده تجدد ایتمه بر قیامه کورلدکی کبی برانده یکی بر ترکیا دخی کوره‌جکز. کنج ترکیا سایه‌سنده سیاسیه مشرفیه‌ده خشونت و وحشت احوال زائل اولاجقدر. کنج ترکیا سایه‌سنده ۱۷۹۳ ده منتقل افکار و مواد اختلالیه تصحیح اولنوب ۱۹۰۸ اختلال

عثمانیده اتخاذ اولنان خط حرکت فوقه امتثال اولنجقدر. بصورت بر افاده‌من اولرجه شونی ده عرض ایدەیم که شو مجموعه بزده دور حاضره‌کزله دور سابقه بیننده هیچ بر رابطه هیچ بر مناسبت اولمدیغنی حس ایتدیرمکه ساعی اولمشدر. هولاندا قاریقا تورلری ایسه ملکمزی جشقلرندن زیاده مسائل شرقیه حقنده استعمال اولنان مسالک و وسائط کاذبه‌یی تقبیح ایتمکدن خالی قالمیورلر. بو اثنا جریده مقصد اساسنی منتشت الافکار بنای حریتی بر درجه‌سنه علاوه ایتدی در. اداره فعلیه‌نک زوال بولمسندن ناشی اوروپا افکارنده تمامیله کسب وقوف ایتمکمز الزمدر. تاریخ عثمانیده بر صحیفه معظمه کشاد ایدرککزده ماعدا افوه افق گسترده مجهول بر ترکیا فک تماشاسنه آماده اولمقکن متقعه‌در. بو مجهول ترکیانک اشتهاده ایچره عموم دنیاده معروف بر ترکیایه تحول ایتدیکی اجتماعی آمالمزدر

— La commission des experts délibère pour savoir si le propriétaire de la maison ne devrait pas déménager.

(*Humoristické Listy*, de Prague, 1896.)

(*) La commission, ce sont les nations européennes, et la maison dont il s'agit de déloger le propriétaire, c'est l'Empire turc, en Europe, ainsi que l'indique le Croissant.

اوروپا دولتلری او صاحبنک نقل مکانه
ایده‌جکنه دائر مذاکره ایدیورلر

PREMIÈRE PARTIE

Vieille Turquie

(Avant la Réforme)

1859 - 1907

— Mon brave Moldo-Valaque... je viens m'occuper de votre santé !
— Mon cher Turc, je crois que vous feriez bien mieux de vous préoccuper de la vôtre !...

Caricature de Cham (*Le Charivari*, de Paris, 1859).

(*) La Moldo-Valachie, — première étape de son émancipation avant d'arriver à s'ériger en royaume de Roumanie, — venait de se constituer en principauté avec l'hospodar Couza, et cette « union personnelle » ne devait être reconnue par la Porte que deux ans plus tard, c'est-à-dire en 1861.

– آه سوگیلی افلاقم بغدانم. احوال صحیه‌کزده طولایی چوق مراجعه ایدیورم

– سوگیلی ترکم! اوت سز کندی احوال صحیه‌کزله اشتغال ایدرسکز دها خیرلی اولور ظن ایدرم.

افلاق بغدان بدایتاً اسپودار قوزانك تحت ریاستنده حاکمیت سیاسیه‌یه مالك اولمشدر. بو ایسه ایکی سنه صکره حکومت سنیه طرفندن رسماً قبول اولنمشدر

LA PERCHE !... VITE LA PERCHE !...

Caricature de Cham (*Le Charivari*, de Paris, 1860).

(*) Image faisant allusion au mauvais état des finances turques qui menace de faire sombrer le Sultan et son gouvernement si l'Europe ne s'empresse de lui tendre la perche... des réformes.

سریغه! صاله بر سریغه ... چابوق اولك!

بو رسم مملكتك او زمانلرده دوچار اولديغی ضرورت ماليه سندن طولاييله اوروپانك معاونتنه التجا ایتدیکنی ایما ایدیور

— Fonctionnaires turcs auxquels on vient de couper les vivres !... il ne leur manquait plus que ce malheur !...

Caricature de A. Darjou (*Le Charivari*, de Paris, 1861).

(*) Caricature publiée à la suite de réformes dans l'organisation intérieure du harem. L'allusion aux « coupages » est suffisamment explicite pour qu'il ne soit pas nécessaire d'y insister autrement. Après le *coupage des bourses* le *coupage des vivres*, c'était vraiment trop !

معاشلری قطع اولنمش مأمورلر

— اشته یالکز بر ایدی اکسیک

اجنه خانه داخلیه سنه طوقونان اتخاذ اولنان بعض تدابیر حقنده در

— Première économie apportée dans le gouvernement turc.

Caricature de A. Darjou (*Le Charivari*, de Paris, 1861).

(*) Image visant les projets de réduction et même de renvoi du harem.

داخل حكومتده اك مهم اصلاحات ماليه

قادينلرك عددينى تنزيل ايتمك

MORT DU CRÉDIT TURC

Caricature de A. Darjou (*Le Charivari*, de Paris, 1861).

(*) A propos des difficultés rencontrées par la Turquie pour la réalisation d'un nouvel emprunt.

ترکیایه کوستریلن امنیتسزلك

بریکی استقراضنده طوغان کولدایده مشکلات حقنده در .

— Nouvel exercice de l'armée turque le jour du paiement de sa solde.

Caricature de A. Darjou (*Le Charivari*, de Paris, 1861).

اردویه معاشك كلدیكی كونه مخصوص عسكر تعلیمی

LA QUESTION D'ORIENT

Caricature de Stop (*Le Charivari*, de Paris, 1867).

(*) Une question qui repose sur une bombe et qui, par conséquent, était considérée, dès ce moment, comme pouvant prendre feu d'un instant à l'autre. Mais alors, comme depuis, le Turc dormait tranquille sur son volcan.

شرقیه مسئله سی

بر بومبادن معلوم دا اشتعالی بر کونده او بر کونه بلملحوظ اولان بر مسئله اساسیه برابر قوجه ترك حالا مذکور وولقانك اوزرنده بر سکونت قلب ایله قائم در.

— Il faut la lui couper ?
— C'est inutile, elle tombera toute seule.

Caricature de Stop (*Le Charivari*, 1869).

(*) Comme on le voit, l'histoire des jambes à couper au pauvre Sultan remonte assez haut dans l'histoire de l'imagerie ; mais, à ce moment, il ne s'agissait encore que de lui en couper une : la Candie. Depuis lors, les besoins des charcuteurs ont fait des progrès, et l'on verra plus loin que le grand commandeur des croyants se trouvera, souventes fois, avec un simple tronc.

فصلکه کوریلیور بیچاره حکمدارک بجاغنی کسمک عادتی چوقدنبرو
برو رسامری اشغال ایتمشدر عملیات جراحیه‌نک لزومی تزاید ایدیور

— Quelle mauvaise colle que celle de Berlin; encore un de mes morceaux qui se détache et les autres qui craquent.

(*La Chronique Parisienne*, octobre 1885.)

(*) Allusion au traité de Berlin. Le morceau qui se détache du mur mal cimenté de l'Empire ottoman, c'est la Roumélie, province autonome, annexée en fait à la Bulgarie.

— بو برلین معجونی نه فنا جنسدن ایمش یاهو! اشته پارچه‌لرمدن بریسی دها قوپدی اوبرلرنده ده چاتردیلر اشیدیورم

ممالک عثمانیه‌نك دیوارندن قوپان پارچه ده بلغارستانه ملحق روم ایلی‌در.

LE KHÉDIVE A CONSTANTINOPLE

Le Khédive Abbad-Pacha. — Votre Majesté ne saurait croire combien cet intrus est gênant. Vous êtes le maître, pourtant. Ne pourriez-vous me venir quelque peu en aide ?

Abdul-Hamid. — Moi, le maître! Sans doute. Vous aider ? Allah est grand. Patience, mon jeune ami ! C'est la fatalité !

Composition de Johann Braakensiek (*Weekblad voor Nederland*, 1893).

(*) L'intrus, assis sur les Pyramides, c'est John Bull.

خديو استانبولده

عباس پاشا . شوكتمآب افندمز قطعياً تقدير بيورمزسكز كه نه قدر اوچلرده

كه بو مسافر بزی تضييق ايديور . معاونت ايتك افندمزه عائددر

عبدالحميد . بكا مى عائددر . اويله يا ! .. براز دها جبر ايديكز اوغلم اونلرده وقتى ..

LE SULTAN ET SES NOUVEAUX AMIS

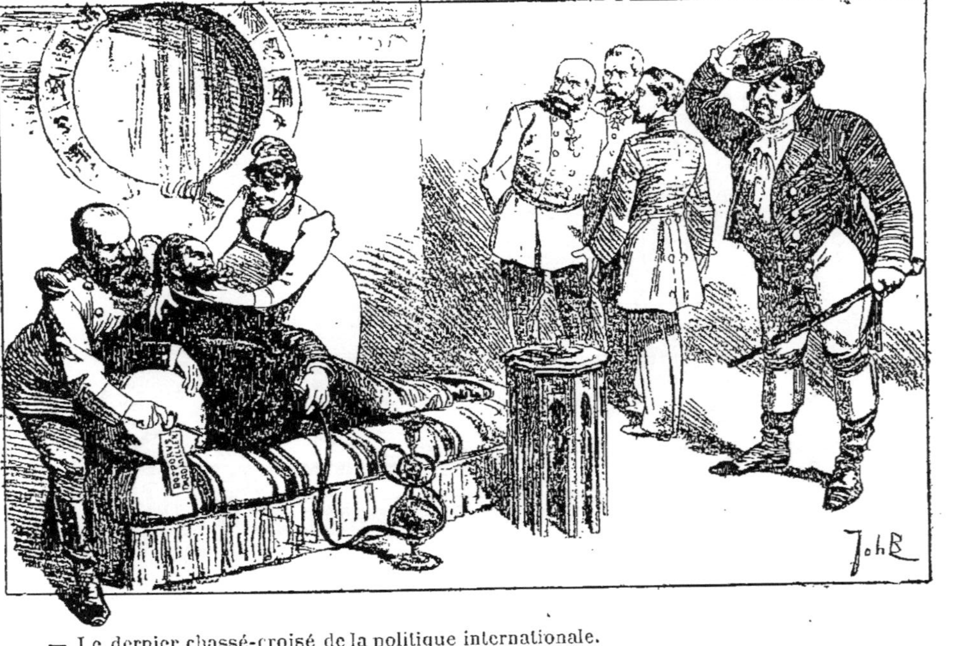

— Le dernier chassé-croisé de la politique internationale.

Caricature de Johann Braakensiek (*Weekblad voor Nederland*, d'Amsterdam, septembre 1891).

(*) Tandis que **Marianne** (la **République française**) fait la caline avec le **Sultan**, le **Tsar** lui prend dans sa poche la clef du Bosphore et des Dardanelles. **A droite**, au premier plan, **John Bull**.

سلطانك يكى دوستلرى

سياسيت عالميه نك چپراز حالكرى ،

مريان سلطانه اظهار نوازش ايديور ، چار حضرتلرى ده روسيا بغازلرك آناختارلرينى قاپديريور . صاغ طرفده شوده بول انكلتره عصا ايله بكليور دها اوزاقده دول قطعه نك حكمدارلرى طوريورلر .

UN VIEUX CRIMINEL

L'Europe. — Encore ! Mais, cette fois, j'ai une arme en main.

(*Punch*, de Londres, 15 décembre 1894.)

(*) Sur le papier que l'Europe indignée froisse dans ses mains, tout en montrant son épée, on lit : *Atrocités arméniennes*.

اسکی مجرم جانی

اوروپا حالا می!. اما بو دفعه مسلح ایم

بر الی الده سلاحنی کوستریور اوبر الندە دە بر کاغد وار.

L'ÉNERVANTE QUESTION ORIENTALE

— Pendre et.... être pendu en une posture critique. Ah ! quel plaisir d'être Sultan !

(*Der Junge Kikeriki*, de Vienne, 25 octobre 1896.)

بیقدیرجی شرق مسئله‌سی

— بر نقطهٔ حیاتیه‌ده یا آصمق یا آصلمق!... خونکارلق نه کیفلی
شی در سلطان اولمق.

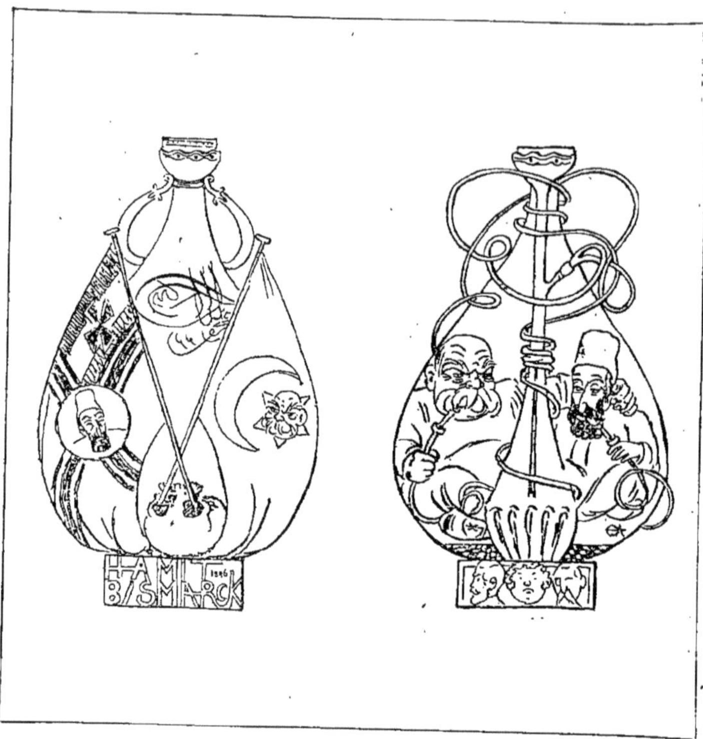

LES DEUX VASES OFFERTS PAR LE SULTAN A BISMARCK

(*To Asty*, d'Athènes, 1896.)

(*) Amusante interprétation par la caricature des sympathies, ou plutôt de certaines affinités politiques existant depuis longtemps entre le gouvernement du Sultan et l'Empereur allemand, tous deux, semble-t-il, étant des partisans de ce qu'on a si bien appelé *la manière forte*.

Sur le pied du second vase se peuvent voir — représentation de la nouvelle Triplice, alors en formation, — les portraits du Tsar et de Félix Faure ayant entre eux John Bull.

سلطان طرفندن بیسمارقه اهدا ایدیلن ایکی وازولر
اصول شدیده خصوصلرنده تا او وقتلردنبرو حکومتلری آره‌سنده
واقع اولان مشابهتی گوسترن بر رسمدر

LES FEMMES DU SULTAN

(*Ephyra*, d'Athènes, 1897.)

(*) De son bras droit il s'appuie, on le voit, sur l'Allemagne, tandis que son bras gauche se pose sur la Russie.

صاغ قولی ایله آلمانیایه یاصلانمش صولی ایله ده روسیه یی قوجاقلیور

L'INVALIDE

(*Ephyra*, d'Athènes, 1897.)

(*) Amputé d'une jambe qui est la Crète, le Sultan marche péniblement, appuyé sur une femme qui personnifie l'Europe.

علیل الوجود

سلطانک بر بجاغی اولان کریدی کسمشلر و اوروپایه طیانمه
بر قادینه طیانارق زورحال ایله یوریور

LE GRAND MAITRE D'HILDIZ

(*Ephyra*, d'Athènes, 1897.)

(*) Sur les excroissances qui apparaissent à différentes parties du corps de cet animal on lit : *Russie*, *France*, *Autriche*, *Allemagne*. Manière de dire que la chèvre turque ne peut rien faire de sa propre autorité.

یلدیزک رئیس اکبری

مذکور حیوانک اوزرنده کورنان چیقنتیلر روسیایی فرانسه‌یی

اوستریایی آلمانیایی کوستریورلر دیمک اولیورکه ترکیا

کندی بلکسنده هیچ بر شیئه مقتدر اوله‌میور

LE CONCERT EUROPÉEN
— Une aubade au Sultan.

Caricature de Fertom (*Le Pilori*, de Paris, 1897).

(*) Tandis que l'Autriche et l'Italie se contentent de faire partir leurs fusils, l'Allemagne, la Russie, l'Angleterre, la France — cette dernière représentée par Félix Faure — exécutent un morceau à grand orchestre, qui leur vaut les applaudissements du Sultan.

اوستريا وايتاليا كندى تفنكلرينى آلمانيا ده روسيا ده كوكدرمكده
اولدقلري، انگلتره وفرانسه (رئيس جمهوريت اسبق فليكس فور رسمى
كوسترلمكده در) بشقه بشقه محظوظيتى جالب منتظم بر موسيقى ترنم ايتمكده ايديلر

L'ORDRE EN CRÈTE (I)

— L'an dernier, lors de mon voyage en Turquie, je fus retenu à déjeuner chez mon ami XY..., le plus parisien des beys. Après avoir dégusté le pilaff, le schachlik, le rahat-loukoum, le halva et mille autres friandises arrosées d'un certain cru de Lapsaki... nous nous livrâmes aux douceurs du kieff, et nous vînmes à parler d'exercices militaires.

— « Si vous voulez, nous irons voir instruire les recrues, et vous assisterez à l'exercice des têtes d'Arméniens. »

Caricature de Caran d'Ache (*Le Figaro*, de Paris, 15 février 1897).

کریدده تنسیقات (۱)

ح ۱- چیقان سنه ترکیاده بولنیوردم. بکلرک پاریسلیسی بنی طعامه دعوت ایتدی

۲ طعامدن صکره کیدوب عسکر تعلیملرینی تماشا ایتمکه قرار ویردک. ارمنی قفالرک

تعلیمنه حاضر بولنه جقدیکز. اثنا احمر اولمش ایدی

L'ORDRE EN CRÈTE (II)

— **Nous assistâmes, en effet, aux exercices des recrues du 231e du Nizam.**

Caricature de Caran d'Ache (*Le Figaro*, 15 février 1897).

— فی الواقع نظام اردوسنك تعلیماتنه حاضر بولندق

L'ORDRE EN CRÈTE (III)

Le général réunit les instructeurs pour exprimer sa haute satisfaction : — « Messieurs... c'est bien !... très bien !... Mais j'aimerais un peu plus de nerf !... » — Or, je viens de lire dans les gazettes que le 231e du Nizam part pour rétablir l'ordre en Crète... Le « nerf » du général me revint à la mémoire... et, longuement, j'ai frissonné !...

Caricature de Caran d'Ache (*Le Figaro*, 15 février 1897).

کریدده تنسیقات (۳)

[illegible]

LA PAIX GRÉCO-TURQUE : L'INDEMNITÉ DE GUERRE
L'ARRIVAGE DU PREMIER MILLION

Pacha-trésorier. — ... « Et d'abord, faites-moi le plaisir de ne pas trop vous approcher... »

Caricature de Caran d'Ache (*Le Figaro*, de Paris, 27 septembre 1897).

(*) Amusante satire destinée à montrer la rareté du numéraire dans l'armée turque.

ترك و یونان صلحی

برنجی ملیونك ورودی

خزینه‌دار پاشا ... اول امرده چوق یقلاشمه‌مکزی

رجا اولنور! ...

IL LA CONNAIT

Le grand vizir. — Noble Sultan, ne t'inquiète pas de cette poupée, il n'y a rien derrière.

Le Sultan. — Sois tranquille, mon brave ! J'arrangerai tout au mieux.

Caricature de W. Lehmann (*Nebelspalter*, de Zurich, 30 janvier 1897).

LES PUISSANCES EUROPÉENNES ET LA QUESTION D'ORIENT

La Russie. — Messieurs, ce jambon n'est, en partie, pas suffisamment cuit. Il faut que le petit, là, mette encore un peu de bois au feu, sans cela nous risquerions d'attendre longtemps.

Caricature de F. Boscovits (*Nebelspalter*, de Zurich, mars 1897).

(*) Ce petit, c'est la Grèce qui se prépare à mettre la Crète au feu et, par conséquent, l'Orient « en feu ».

دول اوروپا و شرق مسئله سی

روسیه — افندیلر بو بجاق دها پیشمه‌مشدر! شو کوچک آلتینه
براز اودون اتسن! یوقسه بز دها مدت مدیده انک
پیشمه‌سنی بکلیه‌جگز. (کوچک یونان درکه گریدی یاقیور)

LE MOT DE LA FIN

La Diplomatie. — Mon ami, nous avons bien travaillé : maintenant rentre chez toi avec tes canons.

Le Turc. — Hé ! hé ! hé ! hum ! hum ! *Farceuse va !* (ces derniers mots en français, dans l'original).

Caricature de H. van Muyden (*Nebelspalter*, de Zurich, mai 1897).

(*) Satire sur la diplomatie, figurée ici en vieille concierge.

صوڭ كلام

دیپلوماتیقه. عزیزم شو طوپلریله ایله بزی اولیجه قورقوتدك ارتق یریکه چکیل

ترك ها ها جی جی ! کیت ایشکه

دیپلوماتیقه قپوجی قوجه قاری قیافتنده کوسترلمشدر.

LE SULTAN AVANT ET APRÈS LA GUERRE AVEC LA GRÈCE

Caricature de W. Lehmann-Schramm (*Nebelspalter*, de Zurich, octobre 1897).

(*) *Avant*, les puissances européennes lui montrent le poing ; *après*, elles lui décernent les palmes de la victoire.

سلطانه یونانه محاربه سنده اول و صکره
اولده دول اوروپا کندیسنه یومروقنه کوستریور ایدیلر
شیمدی ایسه مظفریت اکالیلی تقدیم ایدیورلر.

L'Europe. — Cessez, enfants, vos polissonneries. Ce n'est pas bien ce que vous faites là.

(*Strekoza*, de Saint-Pétersbourg, 1897.)

اوروپا _ هایدی چوجقلر! آرتق یتر هایلازلغه لزوم یوقدر
یاپدیغکز ایو دکلدر.

LE SULTAN DANS UN MAUVAIS CHEMIN

Abdul-Hamid. — Si j'allais les voir l'un après l'autre ! — (*S'adressant à François-Joseph.*) — Mon voisin, ne pourrais-je pas avoir mon morceau de Thessalie ? Je l'ai bien mérité, ce me semble !

François-Joseph. — Nous ne donnons pas à la porte. Adressez-vous au bureau du *Concert*.

Caricature de Johann Braakensiek (*Weekblad voor Nederland*, d'Amsterdam, juillet 1897).

(*) Le concert, c'est le *concert européen*, dont les principaux exécutants sont à leur porte.

عبدالحميد: شونلری بر بر گورمکه گیتسم. (فرانسوا ژوزفه خطابا) جانم تسالیاده

بر پارچه آلمز میم. او قدر امك ویرمشم.

فرانسوا ژوزف: بز قپوده عائله ویرمکز. اقصنك قومیسیونی وار اورایه مراجعت ایدیکز

Alexandre, Ferdinand et Nikita (s'adressant à Mouravief et à Goluchowski). — Et qu'est-ce qu'on nous donnera à nous pour notre neutralité ?

Le Grec. — Chers messieurs, vous êtes si puissants, ne pourriez-vous pas empêcher qu'on me dépouille entièrement ?

Caricatures de Johann Braakensiek (*Weekblad voor Nederland*, 1896 et 1897).

الکساندر . فردیناند . نیکیتا

(۱) مراویف و غولوخوسکی یه خطاباً : بزم بیطرف قالمقلغمز ایچون نه ویره جکسکز

(۲) یونانلیلر : سوگیلی افندیلر نه ایچون بو قدر بویوکسکز . بنی کاملاً

صویولمقدن شونلری امتناع ایده مزمیسکز ؟

— Ces filles entreprenantes se sauveront du sérail du Sultan. Et déjà les braves Grecs, Serbes et Bulgares, les attendent à bras ouverts. Pourvu seulement que les gardiens étrangers ne viennent pas les déranger !

(*Humoristické Listy*, de Prague, 1897.)

(*) Les deux femmes qui se montrent à la fenêtre, et que l'on se dispose à enlever, sont la Crète et la Macédoine.

بو جسور قزلر سرايدن فرار ايده‌جكلر ذاتاً صربليلر و بلغارلر قوللری
اچيق بكليورلر . فقط اجنبي بكجيلر مانع اولمسون .

DE BRAVES POMPIERS

— Ils attendent, pour voir si le feu ne va pas prendre aussi chez les voisins. Ceux-là (la Grèce et la Turquie) ne valent pas la peine qu'on se dérange.

(*Sipy*, de Prague, 1897.)

(*) Comme on le voit, le feu est partout en Turquie, et dans les Balkans, et ce sont les puissances européennes qui viennent comme pompiers pour éteindre le feu. Les soldats des différentes puissances sont représentés de très amusante façon : l'Anglais boit du wisky, l'Allemand mange une saucisse, la Russie se gratte... la main, le Français se plonge dans la lecture du *Caviar*, — une feuille galante hongroise, au poivre rouge, — et l'Autrichien se brosse.

LA PUISSANCE MILITAIRE DE LA TURQUIE

(*Choul*, de Saint-Pétersbourg, 1898.)

(*). Image destinée à démontrer que c'est l'Allemagne qui met en mouvement la Turquie et que c'est elle, notamment, qui tient ses fusils.

ترکیانك قوه عسکریه‌سی

ترك عسكرينه استعمال اسلحه‌يى تعليم ايدنك آلمانيا اولديغنى كوسترييور

— Nettoie bien, Fatma. Il faut au moins montrer la façade dans tout son éclat à nos amis les Allemands.

(*Choat*, de Saint-Pétersbourg, 1898.)

ایو سیل فاطمه خانم. هیچ دکلسه آلمان دوستمز قپوسنی تمیز
کورسونلر

LA RENTRÉE DES TROUPES A CONSTANTINOPLE

Les habitants. — O Allah ! Les voici à nouveau revenus.

(*Chout*, de Saint-Pétersbourg, 1898.)

اردونك استانبوله دخولى

DANS LES CONTRÉES OU PLANE L'AIGLE

— La visite du grand duc Nicolas devait consolider la paix universelle ! Heureux Sultan ! Oui, l'homme riche a trop d'amis.

Caricature de F. Boscovits (*Nebelspalter*, de Zurich, janvier 1899).

(*) Tandis que l'aigle allemand plane dans les airs, l'aigle russe étreint le cheval Sultan (la Turquie). Le pauvre cheval ! Il a déjà trois pattes cassées (la Serbie, la Bulgarie, la Crète), alors que l'Autriche est en train de tenir la quatrième... la Bosnie!

آلمانيه سنجاغی بولنان نواحيده
غراندوقه نيقولانك زيارتی اساسيه دنيای تقويه ايتملی ايدی
بختيار سلطان! البته زنكينك دوستی چوق اولور
پروسيانك قرتالی هوالرده اوچيورده ايكن روسيانك قرتالی بری آخرنده
تركيانك آتنی صيقيور بيچاره آتك ذاتا اوچ اياغی قيرلمش ايدی شمدی ده دردنجيسنی

LA PETITE BELLE HÉLÈNE

— Le dernier acte de l'opérette orientale qui vient (*) d'être exécutée avec grand succès, presque avec éclat !

Le Sultan. — C'est le moment de faire des économies. Ne payez pas mon armée.

Le ministre. — Sire, vos ordres sont exécutés depuis trois ans !

Caricature de Caran d'Ache (*Le Figaro*, de Paris, 1900 et 1901).

(*) Cette vignette est relative aux affaires de Crète.

— Crache, mon cher; ne reconnais pas cela, bien d'autres tours nous ont réussi.

— Eh bien, adieu mon cher, reconnais plutôt ceci, car peut-être alors cesserait-on de te reconnaître. (*Choul*, de Saint-Pétersbourg, 1901.)

(*) Cette caricature a pour but de montrer l'influence constante exercée par l'Allemagne sur les décisions de la Turquie, poussant celle-ci à résister aux réclamations de la France et à céder devant celles de l'Angleterre.

توكور قرداشم . اويله كه قبول ايده سك نيجه دفعه لر بويله ياپقلم
موفقيت حاصل اولمشدر . . — خوشجه قال برادرم سن بونى اعتراف
ايتمه سك زيرا يالكز بويله اولورسه بلكه سنى اعتراف ايتمكلرى محتملدر

MÉTAMORPHOSES POLITIQUES

— Le Sultan dans une agréable béatitude.

— Et tout absorbé par les charmes de la locomotive.

— L'astucieux Allemand à la faveur du bruit

— s'approprie tout ce qu'il peut.

(*Choul*, de Saint-Pétersbourg, 1901.)

تبدلات سیاسیه

سلطانه مستریح و محظوظ لوقوموتیفك لطافتنه مائل اولمش

مزور آلمان بو سسلری ایشیدمزنه قدر آلابیلیرسه قاپیور

— Le gouvernement ottoman continue à se démener.

(*Choul*, de Saint-Pétersbourg, 1901.)

(*) Le Prussien tirant les fils du pantin turc qu'il agite à son gré.

عثمانلی حکومتی دائما تلاشده کورنیور . ترکه حقه بازلقلرینی
چیلمه آلماسیدر

— Kabi-bey, secrétaire d'ambassade et le consul turc à Paris, montrant leurs porte-monnaie vides, font savoir à Yldiz-Kiosque, si leurs appointements ne leur sont pas payés, ils seront forcés de changer de convictions.

(*Choul*, de Saint-Pétersbourg, 1901.)

پاریس سفارتی ایکنجی کاتبی و شهبندر — بوش کیسه‌لرینی گوستره‌رک
ییلدیز سراینه بلدیرییورلرکه معاشلرینی بر آز دها گجیکدیررسه
لر کندیلری ده بشقه فکره خادم اولمغه باشلیه‌جقلر.

Le Français. — Attends un peu, païen ! Je vais te mettre en branle maintenant !

فرانسز . بر آز بکله ایشته کافر ! سنی شمدی یرندن قالدیره جغم

CE QUE FAIT LE SULTAN TURC

— Aux yeux de l'Europe. | — En réalité.

(*Mucha*, de Varsovie, 1901.)

اوروپانك عیننده   حقیقت حالده . . .

DERNIÈRE NOTE DIPLOMATIQUE POUR RASSURER

— Il est vrai que la Macédoine ressemble à un tonneau de poudre, mais sans danger aucun, tant que personne n'y met le feu, et... Les voisins sont là, qui font bonne garde.

Caricature de Caran d'Ache (*Le Journal*, de Paris, 1903).

— واقعا شو بر باروت فیچیسنه بکزه‌یور اما کیمسه باشنه آتش قویمدقجه
تهلکه قورقیجه‌ر سبب یوقدر. قومشولرده ذاتاً دقت ایدیورلر

JEUX INNOCENTS

— Encore une fois, monsieur le correspondant, je le répète : rien de grave ne se passe ici. Simples jeux d'écoliers en récréation ! Entendez-vous ces cris allègres ?... Ce sont mes chenapans de gendarmes... qui s'amusent à chercher le Bulgare !

Caricature de Caran d'Ache (*Le Figaro*, de Paris, 9 mars 1903).

گوریورسکز یا محب افندی. حمد اولسون که اویله بر اندیشه‌لی دوره‌لر گچیرمیورز.
بونلر هپ چوجوقجه اویونلرندن عبارتدرلر. بو سونگ سطری ایسه [illegible]
گلیور.

« TURCO BONO MANGER PILAF »

— ... Et ce sont tous ces gens qui s'assassinent qui proclament partout que je suis l'*Homme malade !*

Caricature de G. Tiret-Bognet (*La Chronique Amusante*, de Paris, juin 1903).

ترك پلاو [illegible] كلمز

شو بربرلرینی [illegible] آدملر میدر كه بكا خسته آدم اسمنی

ویرمشلر!...

JULES CÉSAR PACHA EN THESSALIE
— *Veni. Vidi. Vici.*

Caricature de Julio (*La Réforme*, de Bruxelles, 1898.)

ترول سردار پاشا

— Le Sultan tenant tête de tous les côtés aux attaques des Balkans.

(*Weekblad voor Nederland*, d'Amsterdam, août 1903.)

(٢) ماكدونيا طرفندن كلان هجوم بولغارستانه قارشى سلطان مدافعه تعقيب ايديور

SOLUTION
DE LA QUESTION
D'ORIENT

— Tuons-le d'abord, nous nous chamaillerons ensuite !...

UNE MACÉDOINE

(*) On voit au premier plan les restes,... non du festin, mais d'une *Macédoine* de cadavres : oreilles, yeux, dents, babouches, pipes, etc. (*Le Grelot*, de Paris, 1903.)

(۱) اول برادنی اولدره لم صکره برابر دالاشیرز

(۲) ماقدونیا (ضیافت آرتیقلری عادتا کورلیور. قولاقلر. کوزلر. دیشلر. پابوجلر

چبوقلر وغیره‌لر

LE SULTAN VIOLENTÉ

— Le Tsar d'abord, puis le Yankee. Il est regrettable, vraiment, que toutes les puissances n'entrent pas unies, comme en Chine, car de la sorte, au moins, je pourrais profiter de leur désunion.

(*Ulk*, de Berlin, 11 septembre 1903.)

(*) La Russie s'en va, portant sur son dos un sac de lourde apparence sur lequel se lit, du reste, le mot : *indemnité* (il s'agissait de l'assassinat d'un consul russe). Dans l'encadrement de la porte, on voit apparaître la France, l'Allemagne, l'Autriche, également prêtes à intervenir et, conséquemment, à présenter, le pistolet au poing, leurs réclamations, pour le plus grand désespoir du Sultan.

سلطانه اولان تعرضات

یازق اولیورکه چینده ایتدکلری کبی هپسی بردن هجوم ایتمیور

حصوله گلجك اختلافلرندن بارى استفاده ایدردم.

FERDINAND DANS LES SENTIERS DE LA GUERRE

(*Ulk*, de Berlin, 18 septembre 1903.)

(*) En haut, le lion turc tout prêt à se précipiter sur l'ennemi et à le dévorer.

فردینانده حرب یوللرنده

یوقاریده قوجه متهیج ترک آرسلانی بر حمله ایله دشمنی

افنا ایتمکه منتظر طوریور

L'ABOYEUR

Le Sultan (au café de l'Orient). — Garçon, assommez donc ce chien !

Caricature de Feininger (*Lustige Blätter*, de Berlin, 1903).

(*) L'*aboyeur*, c'est Ferdinand de Bulgarie; — le garçon de café c'est le comte Goluchowski, ministre austro-hongrois.

حولایجی

قهوه خانه ده غارسون! شو کلبک باشنه برشی ایندیرسکزه !

CONTE « BALKANIQUE »

— Il y avait une fois un prince, lequel avait deux femmes, Salonika et Sofia. Il avait également un serviteur qui répondait au nom de Nez; il l'aimait beaucoup, si bien que, pour le récompenser de ses bons services, il lui donna pour femme Sofia, comme l'usage y auto-

بلقان قصه‌سی

وقتیله زماننده بر پرنس وار ایمش حرمنده بری سالونیقا ایمش
ودیگری ده صوفیا . بر ده نس نامنده غایت صادق بر اوشاغی
وار ایمش .

rise. Mais Nez mit son « nez » dans les affaires qui ne le regardaient point, et s'occupa encore d'autres choses. Si bien que, lorsque le bon prince le prit en flagrant délit sur son *bal...kon*, avec sa femme préférée, Salonika, il lui coupa le nez et en fit son eunuque.

Vignettes de E. Stern (*Die Auster*, de Munich, 1903).

(*) Ce « conte balkanique » vise, est-il besoin de le dire, les différends entre le Sultan et le prince Ferdinand de Bulgarie.

CONCERT EUROPÉEN

Abdul-Hamid. — Non; ces « notes réformées » ne se peuvent jouer; à partir de ce jour, je ferai venir ma musique d'Allemagne.

Caricature de Stern (*Die Auster*, de Munich, 1903).

(*) Ces « notes réformées », c'est le *Knout* russe.

— La presse anglaise est unanime dans son indignation contre les massacres en Macédoine.

Caricature de Max Engert (*Süddeutscher Postillon*, de Munich, 1903).

(*) Image destinée à montrer que l'Angleterre avec les affaires des républiques sud-africaines, avec les hécatombes sanglantes du Transvaal et de l'Etat d'Orange, n'est pas toujours bien qualifiée pour protester avec indignation contre les massacres d'Arménie ou de Macédoine.

ماکدونیا بحرانی حقنده انگلیز غزته‌لرك حدتی

ترانسوال و اورانجده ادیکو قسزلقلرندن صکره ماکدونیا و ارمنستانده ایشلدی

ایچون انگلیزلرك اشتکایه حقلری اولمدیغنی کوسترمك ایستیور

Les parents sensibles. — Vous pensez véritablement que votre méthode d'enseignement *réformé* aboutira à un résultat ?

Le précepteur tout à fait prévenant. — Oui, messieurs, si je dois le corriger de ses vices, il me faut aussi m'élever contre toute intervention pouvant porter atteinte à mon autorité.

Caricature de F. Jüttner (*Lustige Blätter*, de Berlin, 1903).

(*) Comme on le voit, c'est la Macédoine qui vient d'être corrigée à coups de fouet, de canne et autres objets non moins tendres. Quant aux « parents sensibles », ce sont — amère ironie — l'Autriche et la Russie.

متأثر ابوین

اصول تدریسیه جدیده‌کزک جدی بر تأثیری اوله‌جغنه اعتقادکز وارمیدر؟

معلم کمال امنیتله بونی اصلاح ایدرم اما وعد ایدیکز که نفوذمه سکته گلمیه‌جکدر.

BULGARO-TURQUERIES

Ferdinand. — Voulez-vous bien, homme belliqueux, éloigner tout de suite cet énorme chien.

(*Der Wahre Jacob*, de Stuttgart, 1903.)

AUX BORDS DU BOSPHORE

Le Sultan. — N'est-il pas inconcevable, Mesdames, que l'Europe veuille me mettre sous son contrôle?

Ces dames. — Mais non, Abdul. Quelque chose de pareil nous est arrivé, à nous toutes, dans le temps.

(*Jugend*, de Munich, 1903.)

(*) Caricature faisant allusion à la démonstration des flottes européennes.

JEU DANGEREUX

— *Nante* (petit nom d'amitié pour le roi Ferdinand de Bulgarie), sois prudent! Sa trompe sera toujours plus longue que la tienne.

(*Ulk*, de Berlin, 1903.)

— En principe j'accepte la note des Puissances visant les réformes.

اساسا او اصلاحاته دائر نوطه یی قبول ایدرم

UNE NOUVELLE DUALICE

— Ferdinand de Bulgarie et Pierre de Serbie montent aux Balkans, — suivant les effets de la balançoire.

(*Ulk*, de Berlin, 1903 et 1904.)

(*) Et, d'une façon comme de l'autre, c'est sur le dos du Turc.

اتفاق دولتین

میزانك احوالنه كوره بولغاریه و صربستان كسب ارتفاع ایدیورلر

POLICE ÉTRANGÈRE INTERNATIONALE

Le Padischah. — Et ces messieurs désirent ?
La Commission. — Nous avons reçu mission de veiller à l'ordre dans les États de Votre Majesté.
Le Padischah. — Enchanté, messieurs, quoique, en réalité, il n'y ait rien à faire chez moi !

Caricature de M. Ernst (*Süddeutscher Postillon*, de Munich).

(*) Ces « messieurs », c'est l'Autriche et l'Italie.

اجنبی پولیسی

بو افندیلر نه استیورلر.

(قومسیون) داخل مملکتکزده ایفای خدمته مخصوصا اولندق

(پادشاه) الله عمرلر ویرسون. فقط کلمه یه حکم بر احتیاج یوقدر

DANS LA NURSERY DES BALKANS

— Abdul-Hamidchen et le petit Ferdinand jouant au jeu de construction du maintien de la paix.

(*Ulk*, de Berlin, 1903.)

MONOLOGUE

DE « L'HOMME MALADE »

— « Vois-je là-bas, dans le fond, à Saint-Pétersbourg, mon ami d'infortune, alors j'apprends à chérir le sort qui m'est fait, et il me semble que je suis autrement bien portant que lui ! »

(*Figaro*, de Vienne, 18 février 1905.)

(*) L'ami que l'on voit, effectivement, au fond, sur un perchoir, c'est le tsar.

خسته آدمك مونولوغى

اوراده پترسبورغده کی دوستمك فلاکتنی گوردکجه تسلی اولیورم

بن اونك یاننده کندیمی چوق قوتلی گوریورم

LES ANGES S'EFFORCENT DE TRANQUILLISER L'ORIENT

(*Figaro*, de Vienne, 21 mars 1903.)

(*) Les anges, ce sont l'Autriche et la Russie, lesquelles prennent familièrement le Croissant oriental par le nez. Et, tandis que Turcs, Bulgares et Macédoniens s'entretuent, le Sultan s'éclaire d'une chandelle pour étudier les projets de réforme et tient à la main la *clef de la porte*.

ملكلر آوستريا و روسيه ملكلرى هلالى تكليفسزجسنه برونندن طوتيورلر
بلغاريه دولتلرى غوغا ايدييورلر سلطان ده مومى ياقمش اصلاحاتى اوقومغه اوغراشيور

DANS LE SÉRAIL

L'esclave. — Tout-puissant Seigneur ! Dehors sont six ambassadeurs qui sollicitent l'honneur d'être introduits.

Abdul-Hamid. — Dis-leur que je les salue profondément, mais que je n'ai pas un instant à moi et qu'ils aient à revenir une autre fois !

(*Kikeriki*, de Vienne, décembre 1905.)

خادم. حضور سعادتلرينه چيقمغه آرزوسنده بولنان التى سفيرلر قپيده بكليورلر
سلطان ده. اونلره سويله كه شو آنده زياده مشغولم ايم بشقه بر كونه كلسونلر

EN MAUVAISE POSTURE

Le Turc. — Excusez-moi, messieurs, votre intervention est parfaitement inutile. Je me sens très fort et tout à fait bien portant.
Les médecins. — Taisez-vous, nous savons mieux que vous ce qu'il y a à faire. Une amputation est absolument nécessaire... pour notre tranquillité.

Caricature de F. Graetz (*Wiener Witzblatt*, 7 avril 1903).

(*) Les médecins sont, est-il besoin de le dire, les représentants de l'Autriche et de la Russie.

فنا بر وضعیت

ترك. عفوكزى طلب ايدرم افنديلر. مداخله‌يه حاجت يوقدر
كندمى چوق قوتلى كوريورم. حتى اولدقجه صحتده بولنيورم.
حكيملر. صوص اولسكه! بز سندن ايو بيليورزكه نه يپمق لازمدر.
بر قطع عضو اطمئنان قلبمز ايچون محققدر. (حكيملر اوستريا و روسيه‌دير).

EN MACÉDOINE

Le Turc. — Il me semble qu'ils s'empoignent.
Les Alliés. — Espèce d'échassier, tais ton bec !

Caricature de Laci von F. (*Humoristische Blätter*, de Vienne, 19 avril 1903).

ماکدونیاده

ترك ظننمده اوراده غوغا ایدیورلر

متفقلر صوصسکه بایقوش سنده!

LE PROTECTEUR

Le Russe. — Quoi, mon cher Turc, si je n'étais pas assis sur toi, et dans ta maison, comment y serais-tu encore ?

Caricature de Luci von F. (*Humoristische Blätter*, de Vienne, 23 août 1903).

TÉLÉGRAMME ILLUSTRÉ

— « Rédaction du *Floh*, à Vienne :

« J'apprends à l'instant, dans les cercles bien informés, de sensationnelles nouvelles : la Turquie serait entrée dans la voie des réformes ! »

Caricature de F. Graetz (*Der Floh*, de Vienne, 1903).

مصور تلغرافنامه

ویانا غزته سنك اداره خانه سنه

منابع موثوقه دن آلنان خبرلره نظراً تركيا اصلاحات جاده سنی

تعقیب ایده جك ایمش

Le Russe. — Que dis-tu d'un pays où les fonctionnaires volent, où le peuple ne sait rien, où ceux qui pratiquent une autre religion que celle de la majorité sont violentés et assassinés ? Est-il possible que pareilles choses puissent exister ?

Le Turc. — Réponds-moi : parles-tu de mon pays ou du tien ?

Caricature de Laci von F. (*Humoristische Blätter*, de Vienne, 30 août 1903).

(*) Sur le papier que développe le Russe on lit : PROTESTATION.

روسیه: افندم بر مملکت که مأمورلری خرسز اهالیسی
جاهل اکثریتك منسوب اولدیغی مذهبدن بشقه سنه تابع
اولنلری قتل ایدرلر؟ سلطان: سنك حكومتكدن می یوخسه بنمکندن؟

INTERVENTION DES PUISSANCES

Les Puissances. — Vois donc, mon petit ami, combien mal tu vas ! Laisse-toi amputer l'autre jambe et tu pourras, alors, marcher comme sur des roulettes !

Caricature de Laci von F. (*Humoristische Blätter*, de Vienne, 13 septembre 1903).

مداخلهٔ دول

یا بنم دوستم احوالک نه قدر فنا! قوکوریده شو بچاغکله
کسه‌لم یاری عربه ایله گزه بیلیرسك.

L'UNION DES PUISSANCES

Nouvelle des Journaux. — « D'après les renseignements qui nous parviennent, la Russie et la Turquie sont déjà d'accord sur le programme des réformes à établir en Macédoine, leurs deux monarques étant animés des mêmes sentiments élevés.

Caricature de Anton Kling (*Lucifer*, de Vienne, 31 octobre 1903).

غزته‌لره دولتین روسیا و ترکیا ماکدونیا ایچون اصلاحات
مهمه موادی موقع بحثه وضع ایتمشلر

LE PRINCE FERDINAND VAINQUEUR DE L'ARMÉE TURQUE

(*Figaro*, de Vienne, octobre 1903.)

(*) A sa seule apparition, en effet, celle-ci tombe morte de fou rire.

پرنس فردیناد ایله ترک اردوسی

پرنسی یوزینی کوسترر کوسترمز ترک اردوسی قورقوسندن بایلدی

دوشیور

LE PATIENT SATISFAIT

L'Homme malade. — Mes chers docteurs, je ferai volontiers tout ce que vous croirez devoir m'ordonner, à l'exception toutefois d'une seule chose : me laisser à nouveau amputer.

Caricature de F. Graetz (*Der Floh*, de Vienne, 1903).

(*) Le Turc, sur son lit d'opéré, n'est plus effectivement qu'un tronc informe auquel on a coupé bras et jambes. Ceux-ci, c'est-à-dire la Bulgarie, la Roumanie, la Serbie, le Monténégro, trempent dans le baquel en un bain de sang, tandis que les docteurs, soit les ministres de Russie et d'Autriche, Goluchowsky et Lamsdorf, rédigent leur consultation.

مرادمز اوروپه حكيملري

خسته آدم . برشيدن ماعدا هيچ بر ديديكلريكزه اعتراض ايتميه جكم

ارقه‌مده قطع عضويه مجالم قالمدي .

في الواقع قباغلر ادنيه ... وجود انسانك بنجه حالي قالمامش

A L'HOPITAL GÉNÉRAL

— Tous les souverains y sont. Pour ne pas briser les os pourris de *l'Homme malade*, on a placé deux appareils (téléphoniques) à sa maladie nerveuse. Et, en vérité, depuis quatorze ans qu'on entend dire qu'il est à sa dernière extrémité, *l'Homme malade* bien portant a fait mentir tous les pronostics.

Caricature de Th. Zajaczkowsky (*Der Floh*, de Vienne, 1903).

(*) Le téléphone communique avec l'Autriche et la Russie.

قاسیل حکمدارلر اجتماع ایتمش. خسته آدمک کمیکلری
اوده قیرلمسن دیه بوری منافذه قونلمشدر. مهولک کوکوفریته
دارمش اولدیغی اشیدیلیور فقط هیچ بر شبهه‌لکله اماره‌سی کوسترمیور.

Train de plaisir turc. — On ne délivre pas de billets de retour.

(*Kikeriki*, de Vienne, septembre 1903.)

صفا واغونی عودت بلیتی ویرمیورلر.

LA RUSSIE ET SON CHALUMEAU DE LA PAIX

Kikeriki. — Dites donc, vous, Monsieur l'ours, la bulle de savon est, véritablement, par trop transparente.

(*Kikeriki*, de Vienne, 1903.)

(*) Le personnage à crête de coq qui se fait voir par-dessus le mur est la personnification du *Kikeriki*. La « bulle de savon trop transparente » indique nettement les vues de la Russie sur Constantinople.

ملقاتغرده روسیانڭ صلح دودوکی

ککریکی: هله باجه‌لی بابا. شو صابون بالوننڭ ارقه طرفی پك زیاده کوزکیور

خروس ایبلیکه دیوارڭ اوزرنده کورنن آدم ککریکیدر.

DERNIÈRES TENTATIVES

— Les ambassadeurs de Russie et d'Autriche se présentant, déguisés en Juifs, à la Sublime-Porte, pour la décider enfin à faire du commerce, — à trafiquer, — ce qu'indique le mot *Handeln* qu'ils lui lancent. (*Kikeriki*, de Vienne, décembre 1903.)

صوك اجتهادات

روسیه و اوستریا سفیرلری موسوی قیافتیله باب عالیه گلیرلر

حاضرلنمه کلمه سنك خصوصیات تجارتجه سنده استفاده ایدیلمك

ایچون.

RÉSISTANCE PASSIVE

(Les secrets du Harem.)

L'Odalisque. — Oust ! Hors d'ici, impuissant !

(*Bolond-Istóck*, de Budapest, 1903.)

(*) Sur la ceinture de l'odalisque on lit: *Obstruction*.

منفعل مقاومت

اوطالق . کیت ایشنه اختیار سنده

LE TURC MOURANT

Bolond-Islóck. — Tous ces bons médecins désirent opérer. Pourvu qu'au milieu de tant de morticoles le malade ne claque pas !

(*Bolond-Islóck*, de Budapest, 1903.)

(*) Le personnage qui se montre à la porte est la personnification du *Bolond-Islóck*. Quant aux médecins, ce sont Georges de Grèce, le comte Lamsdorff, Goluchowski et John Bull, qui opèrent le brave Sultan en lui coupant bras et jambes, c'est-à-dire en lui enlevant la Macédoine, la Bulgarie, la Roumélie et la Bosnie.

خسته ترك حيات ايديور

بولود استوله. بو طبيبلرك هپسی ده عملياته منتظردرلر. يتر كه
بو جلادلرك آره سنده خسته وفات ايتمسين. قپوده گورنن بلود استوله در

LES JALOUX

Le Turc. — Pas un pas de plus ! L'entrée est interdite aux étrangers.
Les matelots. — Ce n'est pas tout ça. Ou tu nous laisseras passer nous aussi, ou tu ne toléreras pas, là-bas non plus, notre camarade.

(*Bolond-Istóck*, de Budapest, 1903.)

(*) L'entrée interdite, c'est, comme on le voit sur la porte, celle du passage des Dardanelles. Et le camarade qui presse la Turquie dans ses bras, tandis que protestent l'Anglais et le Français, c'est le Russe.

حاسودلر . آرتق کمسه بورایه آیاق قویمیه‌جقدر . اجنبیلرک بورایه
کیرمه‌سی ممنوعدر . [illegible] بزه اویله [illegible] یا بزم آرقداشی
[illegible] چیقار یوقسه بزده کیره‌جکز . آرقداشلری روسیه‌در .

RECHERCHES INUTILES

— *Liberté !...* Mot étranger ; aucun terme de ce genre ne se trouve dans notre dictionnaire.

Caricature de Cinirin (*Fischiello*, de Turin, janvier 1903.)

LES ÉVÉNEMENTS EN MACÉDOINE

— Cherchant à prendre la lune (c'est-à-dire le croissant, la Turquie) autrement qu'avec les dents.

(*Pasquino*, de Turin.)

فائدەسز تحریات

(۱) بو اجنبی کلمەدر. بونك مفهومنی افادە ایدەجك هیچ بر کلمە بزم قاموسدە یوقدر.

(۲) وقائع ماکدونیا. — دیشلردن ماعدا بر واسطە ایلە ماهتابی الدە ایتمك ایستیور.

Abdul-Hamid à Nicolas.— La vue du sang te fait mal ! Alors, dépose le sceptre... mon cher Nicolas !

LES AFFAIRES DE MACÉDOINE

L'attaque de la Porte... et la défense.

(*Fischiello*, de Turin, décembre 1902 et avril 1903.)

(*) Jeu de mots sur la Cour du Sultan et la porte de la maison.

(١) عبدالحميد وچاره . قانى كورمك سكا فنا كليورسه صولجانكدن واز كچ.

(٢) ايشته ماكدونيا . اوداده هجوم وقارشو قاپونك مدافعه سى.

LE POT AU FEU BOUT. — A force d'attiser le feu, la marmite bout. Le *minestrone* (potage italien avec des haricots) se répand à terre. Que les pensionnaires se pressent donc, parce que, avec tous leurs retards et un chef aussi maladroit, ils finiront, comme toujours, par ne plus rien trouver dans leur soupe, lorsqu'ils arriveront, même pas la moitié d'un haricot !

(*Fischietto*, de Turin, février 1903.)

(*) Les pensionnaires de la pension européenne sont, comme on peut le voir, les grandes Puissances. Le *chef* de la cuisine, c'est le Sultan qui met sur le feu la Macédoine, d'où s'échappent en bouillons la Répression et la Révolution.

آتشی کورکلدکجه قازان تاشیور. مینسترونه (بر نوع ایتالیان چورباسی در فاصولیالی اولنور) یره دوکلیور.
پانسیونرلر براز استعجال ایتسنلر. آشچی باشی ده بویله اولدقجه کلدکلرنده فاصولیانک دانه سنی بوله‌میه‌جقلر

LE REPORTER AUX BALKANS

— Qu'est-ce que vous me racontez de soldats turcs en lambeaux et mal chaussés. Tenez, regardez ces splendides bottes.

— Un vrai pied de Bulgare, Effendi !

Caricature de Caramba (*Il Pasquino*, de Turin, 17 mai 1903).

مترجم عزت مجيدى

— بزم عسكرلرك اسكی پسكی البسه‌لرده يارم يالين اياق ديه كزدكلريني مي
سويليورسك ؟ سن شو كوزل چيزمه‌لری كورمدكمی
— اصيل بلغار اياغی افندم .

TOUJOURS LA QUESTION MACÉDONIENNE

— La révolution a encore éclaté en Macédoine. Mais de tels soulèvements se sont déjà produits tant de fois que le Sultan, en ayant pris l'habitude, ne s'émeut plus.

Caricature de Dalsani (*Fischietto*, de Turin, août 1903).

ماكدونيا بحرانى

بو كبى قيامتلر اوقدر چوقچه ظاهر اولديكه سلطان ده ارتيق آلشدى

وهيچ بر كونا متأثر اولميور

ENCORE LES AFFAIRES DE MACÉDOINE

La vieille Europe ne saurait intervenir parce que si les insurgés font retomber sur les Turcs la responsabilité des massacres, les Turcs, eux, en accusent les insurgés, et les morts, interrogés, ne répondront pas, ne serait-ce que par crainte de se voir égorgés une seconde fois.

Caricature de Dalsani (*Il Fischietto*, de Turin, octobre 1903).

امور ماکدونیا

اختیار اوروپانک مداخله ایده‌جکی یوقدر زیرا اهل عصیان ترکلری
اتهام ایدیور ترکلرده اولولر ایسه عاصیلری. اولیلر که استنطاقده اقتضاینده
بر دها کسیلمك قورقوسیله اغزینی آچمیه‌جق.

BRUITS DE BOMBARDEMENT

— Petites sottes ! Ne vous épouvantez pas pour quelques *notes* lancées à l'unisson par la voix d'un trombone (*bombardone*); attendez au moins qu'on nous bombarde (*ci bombardino*).

Caricature de Dalsani (*Fischietto*, de Turin, 10 novembre 1903).

(*) Le texte italien a un jeu de mots portant sur *bombardone;* c'est-à-dire le *bombardement* des musiques de cuivre (autrement dit le bruit assourdissant qu'elles produisent) et le *bombardement* dont les notes russes et autrichiennes menaçaient le Sultan.

هایدی چوجقلر استمز. اویله زورنا سسندن قورقمیلی باری
بکلیکز بمبقوری یاطمسنه قدر.

FAÇÉTIE TURQUE. — Les Puissances menacent d'intervenir en Macédoine.
— D'intervenir... à quoi ? Aux funérailles ?

Caricature de Caramba (*Il Pasquino*, de Turin, 1903).

(*) Dans le coin, à gauche, le spectacle sanglant de la guerre avec la légende : *Quelle besogne pour les journalistes !*

- دول فخيمه ماكدونيا ايشلرينه مداخله ايتمكله تهديد ايتمكده بولونيور.
- نه شيئه مداخله ايده‌جكلر، مراسم دفنيه‌سنه‌مي؟
صول طرفده كوشه‌ده شكل غريب محاربه‌يي ايما ايدر. غزته‌جيلره ايو ايش!

LES RÉFORMES EN MACÉDOINE

Abdul-Hamid (s'adressant à Nicolas et à François-Joseph). — Merci bien, j'arrangerai cela, et (*à part lui*) je mettrai celle-là avec les autres, au rancart !

Caricature de Bernard Partridge (*Punch*, de Londres, 4 mars 1903).

ماكدونياده اصلاحات

عبدالحميد (نيقولايه وفرانسوا ژوزفه خطاباً") چوق تشكر ايدرم نه كه ايجاب ايدرايسه ياپيجغم.

UNE ALLIANCE IMMORALE

Mme Britannia (à Mlle Hellas [la Grèce]). — Je suis quelque peu surprise de vous voir en pareille société.

Mlle Hellas. — Comment ! il me disait que vous étiez un de ses anciens béguins.

(*Punch*, de Londres, 1903.)

اویغونسز بر امتزاج

مادام بریتانیقا. (مادموازل هللاسی یوقافسنانه) تعجب ایدیورم. بویله بر رفیقه انتخاب ایتدیکزه

مادموازل هللاس فصل بکا چوقدنبری دیمه ایدیلرکه سن اوکا عبای یاقمشسن

DÉFI MAIS POINT DE RIPOSTE

Le Grand Turc (au marin anglais). — Tu ne toucheras pas à un cheveu de ma tête... ou... je me rends.

Caricature de Linley-Sambourne (*Punch*, de Londres, 1903).

شرق پادشاهی انگلیز بحریه‌سنه باشمدن هیچ بر صاچیمه طوقونمیه‌جقسکز
یوغسه تسلیم اولورم

A NOUVEAU UNE AMPUTATION EN PERSPECTIVE

Le médecin en chef. — Pour mettre un terme aux éternelles suppurations sanguinolentes de sa jambe, s'est-il enfin résigné à être brûlé au fer rouge ? Ce serait, certes, la meilleure solution, si personne n'a rien à y objecter.

Caricature de F. Boscovits (*Nebelspalter*, de Zurich, mars 1903).

(*) C'est la Russie qui remplit l'office de médecin en chef, tandis que la France, en sœur de charité, voudrait étancher les plaies de l'amputé avec un programme de réformes.

سرطبیب ـ قانلی جراحتنه قورتلمه ایچون قیزارمش دمیرله تحمل
ایتمگه قرار ویردی می؟ اك خیرلیسی ده بودر. جسمنك اعضاسنه
حل یوقدر. (سرطبیب روسیه اولیور. فرانسه اصلاحات پروغرامی
تکلیف ایدیور. اجنبی تشکیل ایتمك ایستیور.)

LA LUNE EN SON DÉCLIN

— Si la lune continue longtemps encore à décliner, viendra le moment où le chien mordra après.

Caricature de F. Boscovits (*Nebelspalter*, de Zurich, 22 août 1903).

(*) Le chien c'est, ainsi qu'on peut le lire, la Macédoine.

LA CROIX SUISSE ET LE CROISSANT

La République suisse. — Et en quoi puis-je encore servir Votre Majesté ?

(*Nebelspalter*, de Zurich.)

(*) Sur la demande du Sultan, Ali Fahry, du parti de la Jeune-Turquie, avait été expulsé du territoire helvétique.

اسویچره صلیبی و هلال

اسویچره جمهوریتی ذات پادشاهیه — نه خصوصده داها زیاده ایفاء
خدمت ایده بیلورم؟ — (سلطانک تشبثی اوزرینه ژون
ترکلردن فخری بک اسویچره‌دن اخراج ایدلمشدر.)

DANS LES BALKANS

Abdul-Hamid. — J'offre ma dernière obole à la paix de l'Europe; mais, cela fait, on n'obtiendra plus rien de moi.

Caricature de Orion (*Uilenspiegel*, de Rotterdam, février 1903).

بلقانلرده

آسایش عمومی ایچون صوك دفعه اولهرق شونی ویریورم

اما بوندن صوکره‌ها برشی الهجقلری یوقدر.

APRÈS L'ASSASSINAT DU ROI DE SERBIE

Ferdinand de Bulgarie (s'adressant au Sultan). — Est-ce vous qui avez fait appeler ce personnage ?
Abdul-Hamid. — Oui, pour nous deux.

Caricature de Orion (*Uilenspiegel*, de Rotterdam, juin 1903).

(*) Ce personnage, c'est le notaire demandé par Abdul-Hamid pour enregistrer ses dispositions testamentaires, car, par ce temps d'assassinats des têtes couronnées, l'on ne sait ce qui peut arriver et d'autres souverains peuvent se trouver également victimes de révolutions de palais.

صرب پادشاهنک قتلندن صکره
فردیناند (سلطانه متوجهاً) شو آدمی سز می چاغردیکز
عبدالحمید اوت ایکیمز ایچون .
کلن آدم وراثت قیدینه مأموردر .

L'HOMME MALADE

Docteur Iwan. — La situation est grave, mais il n'y a pas danger immédiat. C'est, depuis des années, une maladie chronique, et s'il ne se présente pas de complications, le malade peut se remettre et se maintenir longtemps encore !

Caricature de Orion (*Uilenspiegel*, de Rotterdam, août 1903).

(*) L'Homme malade est entouré des Puissances européennes. Le diagnostic est donné par la Russie, c'est-à-dire par le docteur Iwan.

حکیم حالتنه بیوك بر قورقولق یوقدر . بو چوق سنه‌لردنبرو
مزمن اولان بر خسته‌لقدر . فقط بو وقعه‌ده فنالق ظهور ایتمزسه
خسته ده اوزون مدت یشایه بیلیر .

DANS LES BALKANS

Le Bulgare. — Nous battrons-nous ? — Je veux me battre.
Le Turc. — Tiens-toi tranquille, mon petit !... sinon...
La Russie et l'Autriche. — S'ils se prennent aux cheveux, nous les prendrons tous deux avec ce nœud coulant et les enfermerons dans cette cage.

Caricature de Orion (*Uilenspiegel*, de Rotterdam, août 1903).

بلقانلرده بحرانده

بلغار. محاربه ایده جکمیز؟ بن ایسترم غوغا ایتمك

ترك. راحت یرنده اوتور! سنی کوچك شیطان..

(روسیه و اوستریا) غوغا ایدرلرسه. بزده اونلری یاقالیوب شو قفسه طیقارز

LES MAITRES CORRECTEURS

L'Autriche et la Russie. — Nous parviendrons bien à l'y faire entrer de force dans la maison de correction, — [*Verbeterhuis*, que l'on voit là sur le devant et qui l'accueille, déjà, du classique *salve*].

Caricature de Orion (*Nederlandsche Werkmann*, de Dœtinchem, novembre 1903).

تأديب ايدوجيلر

اوستريا وروسيه تيمارخانه‌يه برادي جبراً ادخال ايده‌بيلجكز

RÉBUS BALKANIQUES

La Turquie. — Les Puissances m'ont lié les mains. L'ours russe me guette et comment me débarrasser de cette sale petite bête venimeuse (le prince Ferdinand de Bulgarie).

Caricature de Orion (*Nederlandsche Werkmann*, de Dœtinchem).

بلقان معماسی

ترکیا — دولتلر اللرمی بغلادیلر. مسقو آییسی باشمك اوزنده طوریور. شو زهرلی حیوانجغدن خلاصی نصل قابل اولور؟ ..

FLIRT AVEC L'ALLEMAGNE ET L'ANGLETERRE

(*Choul*, de Saint-Pétersbourg, 1901.)

L'HOMME MALADE

Le Sultan (s'adressant au tsar). — Quoi donc ? Encore un homme malade !

Composition de F. Victor (*Der Floh*, de Vienne, 1904).

— سلطان چاره خطاباً — بو نه یا! بر یکی خسته آدم داها
می چیقدی؟

L'HOMME MALADE

— Laissez-moi tranquille ! Me remettre sur pied, ils ne le peuvent pas et, quant à me laisser complètement circonvenir, je ne le supporterai point.

(*Kikeriki*, de Vienne, 1904.)

(*) Le Sultan se refusant aux projets de réforme, présentés ici sous forme de remèdes qu'on voudrait lui faire accepter. Il a, du reste, envoyé promener ses béquilles.

UNE CONSÉQUENCE DE LA DÉMONSTRATION NAVALE

— Le Sultan s'improvisant... peintre.

(*Kikeriki*, de Vienne, 1905.)

— Le Turc est, très certainement, l'homme le plus occupé d'Europe.

(*Figaro*, de Vienne, 3 octobre 19 3.)

(*) Le Turc a, comme on le voit, cinq bras qui, effectivement, sont tous fort occupés. Les mains droites donnent un sac d'écus au Monténégro et caressent le menton de la Grèce ; les mains gauches tirent l'oreille à Pierre de Serbie, le nez à Ferdinand de Bulgarie et une troisième brandit une hache de combat.

نمایش بحریه‌دن بر نتیجه

(۱) سلطانڭ رسام اولمسی

(۲) ترک هر حالده دنیانڭ الڭ مشغول آدمی قالدی

فقط کوریلیور ترکڭ بش قولی واردر. بر چوغنه تشبثلر ایچوندر

A L'HOPITAL DES BALKANS

Le médecin (à l'infirmier). — Pendant que je finis ma besogne autour de la mer Jaune, chasse donc du malade ces mouches effrontées, et si sa force vitale baisse, injecte-lui une dose de ce médicament.

(*Bolond-Istók*, de Budapest, 1904.)

(*) Le médecin, c'est le Russe. Sur le flacon qu'il présente on lit le mot : *Réformes*.

بلقانلر خسته خانه سی

بن بحر اصفرده‌کی ایشمی بتیرنجه‌یه قدر سن خسته‌دن اوشوشن

یاپیشقان سینکلری دفع ایت شاید قوتده دوشکونلک باشلارسه شو علاجدن ویر

LA TURQUIE ET LA GUERRE EN EXTRÊME-ORIENT

— Maintenant que ces braves collègues sont en train de se battre, il me semble que l'orage, ici, se trouve provisoirement conjuré.

Composition de Johann Braakensiek (*Weekblad voor Nederland*, d'Amsterdam, 1904).

(*) Image faisant allusion à la guerre russo-japonaise, les deux collègues du Sultan étant l'Empereur de Russie et le Mikado dont les portraits sont appendus au mur. Abdul-Hamid en profite pour mettre au feu les projets de réforme.

ترکیا و اقصای شرقده محاربه

مشغله شو بزم عزیز اجابت اوراده محاربه ایدیورلر بوراده که

فورطنه یه آزجه سکونت کلمش

روسیه و ژاپونیا محاربه سنا ایچونده در ایکی دوستم میقادو و چار در لر

LA PORTE DES DARDANELLES

John Bull (lisant l'avis écrit sur la porte). — « Fermeture automatique ! » Il faut que je me rende compte par moi-même si le marteau fonctionne bien.

(*Ulk*, de Berlin, 1904.)

(*) Le portier, c'est le sultan Abdul-Hamid.

چناق قلعه قاپوسی

ژون بول قپونك اوزرنده كى اعلانى اوقويور .. يايلى صوقيده در

بيلمك ايسترم كه چكيجى ده ايو ايشليورمى

L'HOMME MALADE

Le Sultan. — Mon lit a quatre angles; quatre anges gardiens m'entourent : Nicolas, Guillaume, François-Joseph et John (John Bull, l'Angleterre). Bénie soit la couche sur laquelle, ici, je repose !

ENCORE UN HOMME MALADE

(*Life*, de New-York, 1904.)

(۱) سلطان — بنی محافظه ایدن ملکلر شو یتاغمی احاطه ایدن درت ملکلردر
نیقولا، فرانسوا ژوزف، ژون بول، گیلیوم. الله اوزرنده برکتنی اکسک ایتمسون!...

(۲) بر خسته آدم داها!...

LA OU DEUX S'EMPOIGNENT, LE TROISIÈME SE RÉJOUIT

Le Turc. — Dieu soit loué ! Peut-être va-t-il s'en prendre à celui-là ; j'aurais au moins un peu de tranquillité !

هر نه ده که ایکی کشی یاقه یاقه کلیر بر اوچنجی ده محققه یتیشیر
ترک . انشاالله بلکه بو اوستنه الیر ده بنده براز راحتلنیرم

L'Homme malade. — Contre le Bulgare cela marche !

(*Kikeriki*, de Vienne, 1904 et 1908.)

خسته آدم . بلغارستانه قارشو ایو کیدیور

APPENDICITE

— Les médecins illustres sont naturellement avec leur diagnostic à la main. La conclusion est comme toujours : appendice tout à fait inutile qu'il est nécessaire d'opérer tout de suite.

(*Lustige Blätter*, de Berlin, 1906.)

حالا بر حاضر بكلیورلر فقط خسته آدم بونده هنوز (ایی) حالا اثر فلاكته كوتوریور

UNE COLLECTION PEU ORDINAIRE

— Le Turc emmagasine les ultimatums et les projets de réforme : pourquoi faire aurait-il donc des archives ?

ترك تنسیقاته دائر اوراقی محافظه ایتدیکی ایچون بر قیوده احتیاج کورمیور

LES PHASES DU SULTAN

— Autrefois, plein de santé. — En ces derniers temps, malade. — Et, maintenant, une momie vivante.

(*Kikeriki*, de Vienne, 1904 et 1906.)

سلطانك احوال مختلفه‌سی

وقتیله عافیتی بر کمال ایدی صوڭ وقتلرده خسته‌لشدی شمدی ایسه حیاتده بولنان بر مومیا حالنی کسب ایتمشدر.

LA DÉMONSTRATION NAVALE DES PUISSANCES EUROPÉENNES

— Que compte faire l'empereur des Croyants ? — J'attends que l'empereur Guillaume me fasse deux... ou trois signes.

(*Pasquino*, de Turin, décembre 1905)

اوروپا الچیلری سلطانه طرفندن استقبال اولنیور

دول معظمه وکیللری چالغیجیلغه قرار ویرمشلر

LE CONTROLE DES PUISSANCES EN MACÉDOINE

— Pour que la démonstration navale des cinq Puissances ne puisse pas arriver à démontrer publiquement les excès commis par les Turcs, Abdul-Hamid traîne après lui tout un enrubannement de *bujak borno*, autrement dit de longs nez.

Caricature de Dalsani (*Il Fischietto*, de Turin, novembre 1905).

(*) Ceci veut dire que le Sultan tire par le nez les grandes Puissances.

ماكدونياده دول اجنبيه‌نك وظائف تفتيشيه‌سى

بش دولتلرك نمايش بحريه‌سنده تركلرك شو استعمالاتى ميدانه چيقمسون

ديو عبدالحميد آرقه‌سنده برچوق بورنلر چكيور.

Le Gardien du Sérail. — Grand padischah, on vous vole une odalisque, là, dans la rue !
Le Grand Turc. — Oh ! les ingénus, maintenant faudra qu'ils songent à l'entretenir !

Caricature de Caronte (*Fischietto*, de Turin, décembre 1905).

(*) L'odalisque, c'est l'île de Mytilène, une des îles turques de l'archipel ; Samos, Rhodes, Lemnos, les autres îles, costumées en odalisques, regardent à la fenêtre partir leur sœur emportée par l'Autriche.

EMPRUNTS TURCS SOUS CONDITION DE FOURNITURES

John Bull (en voyageur de commerce). — Me voilà précédé par ces sacrés concurrents. Le terrain est brûlé pour moi.

Le Sultan. — C'est vraiment charmant que tous aiment tant avoir affaire avec moi.

Caricature de Johann Braakensiek (*Weekblad voor Nederland*, d'Amsterdam, 1905).

(*) Guillaume et Loubet sortent du palais du Sultan, que l'on aperçoit sur le toit, des sacs d'écus devant lui.

— Absorbés dans leurs pensées, les porteurs de couronnes supputent ce qui reviendra pour eux dans le partage de la succession.

حامل اکالیل اولنلر وراثتده کندیلرینه دوشجک حصه‌یی حساب ایدیورلر

— Et, tout aussi sincèrement, les événements étant changés, ils apportent leurs bons souhaits de prompte convalescence.

CHEZ L'HOMME MALADE

(*Kladderadatsch*, de Berlin, 26 août 1906.)

(*) Les porteurs de couronnes, ce sont les Puissances européennes qui se considèrent, toutes, comme héritières du Sultan.

تبدل وقایعدن طولایی شفایاب اولملری اوزره ادعیه خیریه‌لرینی تقدیم ایدیورلر. حامل اکالیل اولنلر اوروپا دولتلریدرلر

A YLDIZ-KIOSQUE

— Eh bien, Fatima, est-ce qu'il se rétablit ?

— Il a signé dix condamnations à mort..., la vie semble vouloir revenir.

(*Humoristische Blätter*, de Vienne, 19 août 1906.)

یلدیز کوشکنده

نصل فاطمه خانم . براز کندیسنی بولیورمی ؟

اون کیشینک اعدامی ایچون وضع امضا ایتدی براز ایولشمکه باشلیور

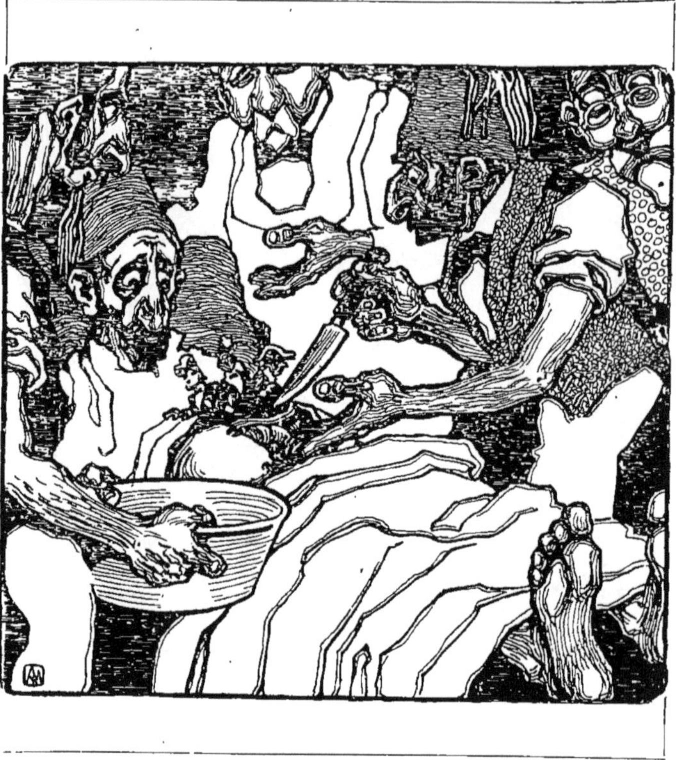

HORRIBLE DÉCOUVERTE

— Les raisons de la terrible maladie d'estomac du Sultan sont maintenant connues. A la suite d'une intervention chirurgicale, les médecins turcs purent, notamment, constater que le pauvre Padischah avait dans l'estomac les ambassadeurs des différentes grandes Puissances.

(*Figaro*, de Vienne, 11 août 1906.)

دهشتلی بر ظاهر

سلطانک معده خستهلغنک اسبابی شمدی معلوم در عملیاتده جراحیه

اطباجه تصدیق اولنمشدرکه سفراء دولتلر سلطانک معده سنده اوطورمشلر

SYMPTOMES DE RÉTABLISSEMENT

— Comment va le Sultan, aujourd'hui, Excellence ?

— Allah soit loué ! Deux fois, aujourd'hui, Sa Majesté a dit combien l'Autriche et la Russie devaient l'avoir en amitié.

Après cela Sa Majesté s'est trouvée sensiblement mieux.

(*Wiener Caricaturen*, de Vienne, 19 août 1906.)

تداوی اماراتی

[illegible] افندم!... عجبا بوکون افندمزک حالی نه در ?

آوستریا و روسیه دولتلرینک آثار نوازشی تخطر ایتدکجه حس شفا ایتمکده در

PAPA SULTAN

— Il a envoyé chercher le notaire ! pensions-nous — et c'était la sage-femme.

(*Ulk*, de Berlin, 24 mai 1907.)

(*) Accoudées contre le mur, et quelque peu surprises du spectacle qui s'offre à leurs yeux, les Puissances européennes : la France, l'Angleterre, l'Autriche, la Russie, l'Allemagne.

پاپا سلطان

قریبه. - سلطان بزه notaire ه خبر گوندرمش اولدیغنی ظن ایدرکن ابه
قادینه گلمش ایمش. (فرانسه، انگلتره، روسیه، اوستریا دیواره طیانمشلر) -

POUR LE JOUR DES « TROIS ROIS »

Le Turc.— Non, nos trois saints rois des Balkans !!... et moi qui avais cru que c'était une nouvelle bande de brigands ! Voilà qui est fort.

(*Figaro*, de Vienne, 6 janvier 1906.)

A PROPOS DU PROJET DE RÉFORME DES PUISSANCES

— La bonne lune ! elle va si paisiblement au milieu des nuages de la nuit.

(*Kikeriki*, de Vienne, mars 1908.)

اوچ پادشاهلرك كونی ایچونده

ترك. خیر افندم. بزم اوچ مقدس بالقان پادشاهلری. بنده حالا ظن ایتدم كه یكی بر اشقیا چتهسی ایدی.

دولتلرك تنسیقات پروژهلری دولاییسی

اوكوزلم مهتاب كیجهنك سیاه بولطلری ایچنده نه كوزل امتزاج ایدییور.

TRAVAIL DE DEUX SORTES

— Ils ne font que souffler et attiser le feu, et à côté de cela, ils se défendent énergiquement d'aider d'une façon quelconque à l'incendie.

(*Kikeriki*, de Vienne, 5 avril 1908.)

(*) Sur l'écriteau que le Russe porte à son havre-sac on lit: *Accord pacifique.* Dans le fond, l'Autrichien accourant pour prendre part au petit exercice.

اوفلیورلر كوروكلیورلر او بر طرفلرده ده محمد معرفتده
بولنمق استیورلر . (روسیه نك جنته سنده كورنان لوحه اوزرنده
آتلان اوقنیور . آوستریاده قوشیور بو تعلیمه داخل اولمه اوزره

LE SULTAN RESTE TOUJOURS LE VIEUX

— A peine voit-il venir une flotte qu'il lui jette tout aussitôt le mouchoir ! (*Kikeriki*, de Vienne, 30 avril 1908.)

(*) Caricature relative aux concessions postales accordées à l'Italie.

[illegible]

بر دونانمه نك كلمه سنى كورور كورمز مندیلنى بر چوجوغه [illegible]

[illegible] حاضرلنیور. (ایتالیایه ویرلان پوسته قومپانیه لرى

ایچون یاپلمشدر)

GUERRE EN PERSPECTIVE

— Oh non ! seulement une danse des fous !

(*Nebelspalter*, de Zurich, 29 février 1908.)

(*) Image visant les bruits de guerre entre la Russie et la Turquie.

افقده محاربه کوریيور

اشته بر دلی اوینیدر!...

(ترکيا و روسيه بيننده وقوعه کلجك محاربه شايعه سنی ايما ايدیلور.)

MENACE DE DÉMONSTRATION NAVALE

Le Turc. — J'ai beau y être habitué, cela fait salement mal tout de même.

Caricature de H.-G. Ibels (*Weekblad voor Nerderland*, d'Amsterdam, 1906).

DEUXIÈME PARTIE

Jeune Turquie (Après la Réforme)

DANS LA KASBA DE L'AVENIR

— Les Musulmans des trois parties du monde se réjouissent tellement de la visite de l'empereur Guillaume que l'adoption de la mode allemande du port de la moustache pour les cérémonies rituelles n'est plus qu'une question de temps. Les femmes elles-mêmes partent en guerre pour la réforme. Dans les harems vole la parole ailée : *Es ist erreicht* : *c'est arrivé !*

(*Jugend*, de Munich, 1903.)

ربع مسکونده موجود مسلمین کیوم حضرتک زیارتندن اوقدر سوینمه
لردرکه مراسب مذهبیه ده آلمان اصولنده ذوات بیوم آلمانده صنعاللهی
مسئله‌لی ترجیح ایدیلیور. قادینلر اخذ قدمده Es ist erreicht اشیدلیق

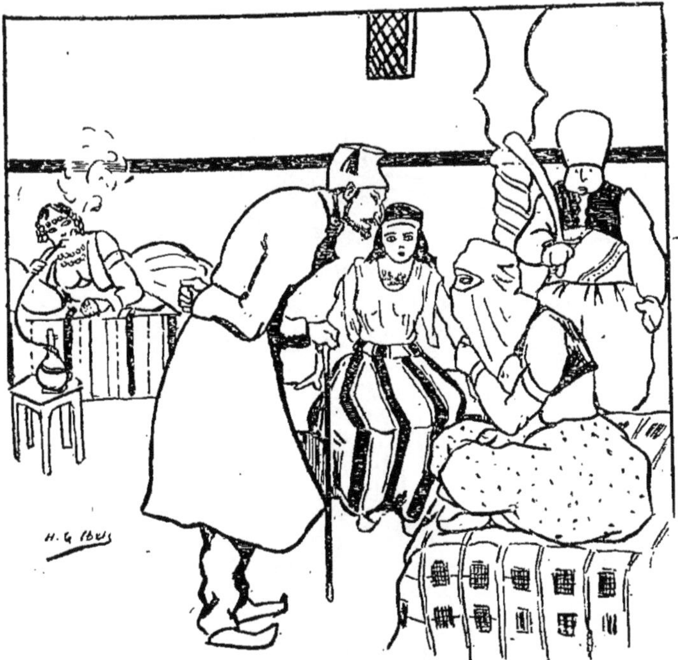

Abdul-Hamid. — Oui, mes petites chattes, grâce à ma forte « Constitution », je suis redevenu un Jeune-Turc.

Composition de G. Ibels (*La Vie de Paris*, 30 juillet 1908).

(*) Le texte français a ici un jeu de mots portant sur le mot *Constitution*, qui doit s'entendre dans ses deux sens : au point de vue santé, solidité de l'homme (*une forte, une robuste constitution*); et au point de vue des lois, des libertés fixées par l'organisme politique de l'Etat : la Constitution du pays. La gravure vise donc la nouvelle Constitution de la Turquie.

عبد الحميد. غنجه بزلرم اوت متكمل قانونه اساسيمله سايه سنده
بنده بر گنج ترك حالنه گلدم

LA BONNE SURPRISE

— Ma chérie! qui aurait jamais pu croire que tu avais une si belle Constitution!

Dessin de William Howard (*Le Témoin*, de Paris, 1908).

(*) La Turquie montrant au Sultan les charmes de sa belle Constitution.

مسرتبخش بر حقیقت

قزم! کیمک خاطرینه کچرایدی که بو قدر کوزل بر یاپیلشك وار

(سلطانه کوزل بر مشروطیتك محاسننی ارائه ایدیور)

LE NU

— En Turquie, les femmes ont maintenant le droit de montrer leur visage ; ici, on nous force à cacher le contraire.

Dessin de William Howard (*Le Témoin*, de Paris, 1908).

چپلاقه

ترکیاده قادینلره یوزلرینی کوسترمک ممنوع در . بزده ایسه بونک
عکسنی کوسترمک عادت دکلدر .

LE RÉVEIL DE LA QUESTION D'ORIENT

— La Bulgarie proclame son indépendance. L'Autriche prend la Bosnie et l'Herzégovine.

(*Le Petit Journal*, de Paris, 18 octobre 1908.)

یکیدن مسئلهٔ شرقیه

بلغارستان مختاریتنی اعلان ایدیور. آوستریا هرسك بوسنه‌یی الحاقه ایتدی.

L'ÈRE DES SPORTS POLITIQUES

— L'Homme malade se présente au public dans des exercices sur la corde raide. Et il se tient en équilibre — pour combien de temps ? qui pourrait le dire ! (*Kladderadatsch*, de Berlin, 9 août 1908.)

(*) Dans le bas, la Russie et l'Angleterre, peu rassurées sur la durée de cet exercice, prennent la fuite.

سیاسی اویونلر

خسته آدم بر ایپ اوزرنده هنرلرینی عالمه کوستریور. کیم بیلیر نه قدر وقت موازنه سنی حفظ ایده بیله جك. (روسیه و انکلتره قاچیورلر)

QUESTION D'ÉTIQUETTE POUR LA VISITE PROJETÉE DU SULTAN AUPRÈS DES COURS EUROPÉENNES

— Le Koran, on le sait, considère chaque pays que le Khalife visite comme une possession nouvelle pour lui. C'est pourquoi les différents gouvernements ont cherché un mode de réception qui permette de résoudre ce dilemme:

(*Kladderadatsch*, de Berlin, 30 août 1908.)

— A Berlin on plante un chemin de fer aérien allant du port de Kiel au château royal. A la *fenêtre Skarbina* aura lieu une réception courte, mais tout à fait cordiale.

— Edouard, toujours très soucieux des intérêts de son pays, veut recevoir le Padischah, loin, en mer, à 100 mètres des côtes anglaises. On s'occupe de régler le cérémonial aquatique.

— Le tsar veut laisser porter le chef suprême des Osmanlis par les cosaques, depuis le pont de Cronstadt jusqu'au Palais d'hiver et, là, échanger avec lui quelques paroles obligeantes.

— Albert de Monaco, seul, laissant de côté ce point de vue, au risque de devenir turc, a demandé qu'il lui soit permis d'établir à la Corne d'Or une succursale de sa maison de jeu.

خلاصه زیارت ایده جك بر لسوك ممالك عثمانیه ده عد اولنمدیغی اجوبه اتخاذ اولنا به
تدابیر مشوقه به عبارتدر . . . برلینده هواده بر قمبور بول ، انکلتره ده ذلك اورطه سنده
سلطانی قبول ایتمك . چارقنی اقدریه کوندرجك . موفاقی برقسی ده کاغدخانه ده بر قمارخانه
کشاد ایده جك .

LE GÉNÉRAL DE GOLTZ SUR LES BORDS DU BOSPHORE

— En particulier, joue volontiers aux échecs avec le Sultan.

— Et montre au Grand Seigneur plus d'un bon coup.

— Le gouvernement turc a fait savoir à la direction de l'enseignement, en Prusse, qu'il voulait réformer ses écoles populaires sur le modèle prussien. Le *système Studt* se trouve ainsi aux honneurs et ses partisans *Studt-Pascha*, *Althoff-Pascha*, *Schwarzkopf-Pascha* sont en ce moment, pour cela, à la Corne d'Or.

(*Kladderadatsch*, de Berlin, août et septembre 1908)

(۱) غولتس پاشا ساعتده اپه استدی اوفوقی ادیفقده زیاده خوشنود فیور وابو ها شعرکوسترور

(۲) ترکیه ده تشبیقات تدریسیه آلمانیه اصولی اوزره تطبیق اولنجقدر . شتودت ،
التوف ، شوارتس قوپف پاشالرك اصوللری زیاده تقدیر اولنیورلر

THÈSE CONSOLATRICE
DU PROFESSEUR VON MARTITZ

Abdul-Hamid. — Au secours ! au secours ! ces gars-là m'arrachent ma dernière culotte. O Allah ! Allah ! Que fais-tu du *droit des peuples*?

Professeur von Martitz. — Cher Abdul, calme-toi ! Le droit des peuples est une chose qui ne précède pas les faits mais qui, bien au contraire, les suit. Une science qui enregistre les événements et forge des lois générales à la suite de ces événements ! *Quod erat demonstrandum !* (*Kladderadatsch*, de Berlin, 1er novembre 1908.)

(*) Ceux qui dépouillent ainsi brusquement le Sultan sont Ferdinand de Bulgarie et le ministre autrichien, von Ærenthal.

پروفسور مارتیتزك تسلی بخش بر فكری

عبد الحمید. امان امداد! بو آدملر صوك طونمی دارتیب چكیورلر. الله الله حقوق اممی
نه یاپیورسك. مارتیتز. سندیم اولوب حقوق امم وقائعی تعقیب ایدر تاخیر ایدر.

— L'homme malade, se rendant à la mosquée, pour que l'on puisse prier pour sa santé.

Dessin de Max Richter (*Kladderadatsch*, de Berlin, 1908).

خسته آدم صاغلیغنه دعا ایتسونلر دییو جامعه گیدیور

HARMONIE TROUBLÉE

Felix Austria. — Les autres restent sans broncher au pupitre. Moi, je fais une pause — suffisamment longue — et, vite, j'arrache au bon vieux Sultan une paire de *Sandschak*.

(*Lustige Blätter*, de Berlin, 1908.)

(*) Les dames de l'orchestre, suffisamment reconnaissables à leurs coiffures, constituent le concert européen.

Il y a dans la légende allemande un jeu de mots intraduisible en français — jeu de mots portant sur les brillants que l'Autriche vient arracher au Sultan sous la forme du Sandjak de Novi-Bazar.

بوزشمش بر آهنك

فليكس اوستريا. بشقه‌لری کندی موقعلرندن حرکت ایتمزلر بن ایسه شویله

جزئیجه ایکی سنجاغی بردنبره چکدم.

LA BULGARIE ET LA PORTE

— Ferdinand voulant tracer une voie libre pour la Roumélie orientale.

(*Lustige Blätter*, de Berlin, 1908.)

بلغارستان و باب عالی

فردیناند روم ایلی شرقی ایچون آچیق بر یول یاپمق مقصدنده ایدی

L'HOMME MALADE BIEN PORTANT

— « Au loin ces béquilles ! » s'écrie Abdul-Hamid. — « Qu'en ferai-je aujourd'hui ? »

Caricature de Finetti (*Lustige Blätter*, de Berlin, 1908).

JOURS DE FÊTE TROUBLÉS

— Osmania, la belle fiancée, sort du nouveau bain de la Constitution. Que voit-elle ? — Des brigands qui — ô dommage, combien dommage ! — lui ont enlevé presque tout l'Etat.

Caricature de F. Jüttner (*Lustige Blätter*, de Berlin, 1908).

(*) Les brigands sont le Bulgare, le Grec et l'Autrichien.

خلل اولمش سونج کونلری

مشروطیتك یكی حماملرندن كوزل عثمانیه چیقیورنده، ای واه! كوریور كه

مملكتنك دولتی برطاقم اشقیا جنکلرنده ضبط اولنمش (بلغارلر، رومی، آوستریالی)

SUR LES BORDS DU BOSPHORE

— Dis donc, Osman, qu'est-ce qui doit être résolu à la Conférence ?

— La transformation de la Turquie en un magasin de cigarettes.

(Caricature de J. d'Ostoya (*Lustige Blätter*, de Berlin, 1908).

بوسفور سواحلنده

سویله بقالم عثمان! انعقاد ایده جك قونفرانسده نه یه بحث اولنجق

— تركیانك بر سیغاره دكاننه تحولی

LE NOUVEL ÉTAT CONSTITUTIONNEL

— Et où Votre Majesté ordonne-t-elle que le Parlement se rassemble ?
— Ici, en haut, Vizir ! D'ici nous pourrons plus facilement précipiter les rustres dans le Bosphore.

TROIS PROJETS DE CHEMINS DE FER DANS LES BALKANS

Le garde-barrière Abdul-Hamid. — Pas de danger que j'avertisse ! Ce serait une bonne affaire pour moi s'ils se rencontraient !

(*Ulk*, de Berlin, 1908.)

اداره‌ٔ مشروطه . ملت مجلسنك يوقارىده كشادى دها مناسب اولور . اورادن مبعوثلرى
دكزه دوكدرمك دها قولاى اولور . بلى بابا [illegible] . افندمز [illegible]

LA POLITIQUE DES PIQURES D'INSECTES

— Quand cela démange à quelqu'un de ces gens-là, dans les Balkans, aussitôt toute l'Europe se gratte.

Caricature de Th. Heine (*Simplicissimus*, de Munich, 1908).

حشرات مضره نك پوليتيقه سی

بلقانلرده بولنانلردن برسی قاشنمغه باشلادیسه اوروپا دولتلرینك

هپسی بردن قاشينيورلر.

L'INDIGNATION DE L'ANGLETERRE

— Si vous devez ainsi maltraiter le pauvre homme, laissez-moi un peu, alors, m'approcher de lui.

Caricature de Wilhelm Schulz (*Simplicissimus*, de Munich, 1908).

(*) Tandis que l'Autriche retire brusquement au Sultan les draps de son lit, que le Serbe est prêt à lui verser dessus le contenu de son vase, et que le Bulgare monte en grade, l'Anglais apparait avec ses longs bras et sa mâchoire proéminente.

انگلتره‌نك حدتی. اگر قصدكز بو بیچاره‌یه بو قدر زواللی آدمی ازمك ایسه‌كز باری
قویه ویركنده بنده یاننه صوقولیم. بر طرفده اوستریا چارشفی اچمه او بر
طرفده صربیه لگنه ایله بوقالی و غیرهم.

Iwan. — En avant, mon petit Ferdinand, nous n'avons que faire d'une Turquie constitutionnelle.

(*Süddeutscher Postillon*, de Munich, 1908.)

(*) Iwan, c'est la personnification du Russe ; ce qu'est Jacques Bonhomme pour la France, ou John Bull pour l'Angleterre.

ایوان . ایلری فردینانده‌م ! مشروطه‌لی بر ترکیانک بزه هیچ بر لزومی
یوقدر . (ایوان روسیه‌در که ژاقه بونومی گوستریر فرانسه‌لیلرنده
نصل که ژون بول انکلتره ایچوندر)

« LE SULTAN S'EUROPÉANISE ! » QUE FAUT-IL ENTENDRE PAR LA ?

Se met-il une couronne sur la tête ou bien devient-il démocrate-socialiste ? — Amateur ou flaneur ? — Crée-t-il de nouveaux records ? — Résout-il le problème de l'aviation ou bien celui des embarras de la circulation ? — Sert-il la cause du byzantinisme ou de la publicité ? — Fait-il une promenade sur le lac de Starnberg (1)? — Non ; il reste dans son européenne Constantinople.

Caricature de Vanselow (*Süddeutscher Postillon*, de Munich, 1908).

(1) Lac célèbre aux environs de Munich.

سلطان اوروپالیلشیور. کیمسه بوندن نه آکلاشیلور. باشنه تاج کلیمی وضع
ایده جک یوخسه اشتراکیونلیه آشنا اولمق ایچون سیاحت میدر. بالونه صنعتی
ممکن ایتمک استیور. نه در؟ حالا اوروپالیلشمه استانبولنده مفارقت ایتمیور

CHOSES INTERNATIONALES : TURQUIE ET PRUSSE

Les protecteurs de l'État prussien. — Qu'est-ce que cela peut bien nous faire que le Sultan ait donné à son peuple une Constitution ! Chez nous la Liberté se trouve tout à fait en lieu sûr.

(*Der Wahre Jacob*, de Stuttgart, 1908.)

ترکیه و آلمانیا

آلمانیا حکومتی مدافعلری. سلطانڭ اهالیسنه قانون اساسی بخشایش ایتمسی بوندن بزه نه ضرر کله بیلور. بزده حریت اوقدر محفوظدر..

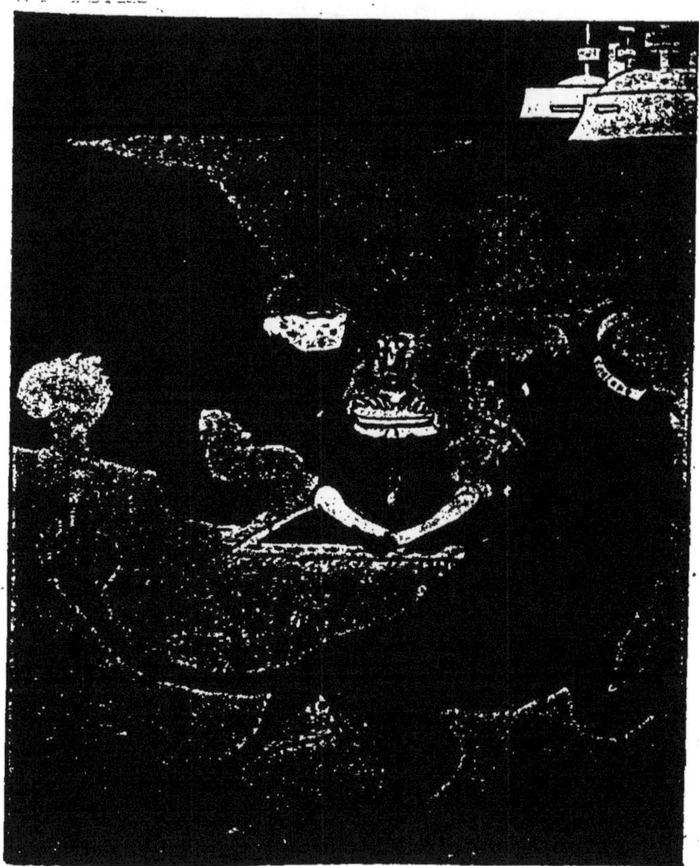

LA QUESTION DES DARDANELLES

— Combien cela durera-t-il encore jusqu'à ce que le Turc avec ses Dardanelles soit dévoré ?

(*Der Wahre Jacob*, de Stuttgart, 8 décembre 1908.)

(*) Le Turc sur son tapis, entre le lion anglais et l'ours russe. Lequel des deux le dévorera ?

قلعهٔ سلطانیه مسئله‌سی

بو دها چوق سوره‌جك می؟ تا كه ترك قلعهٔ سلطانیه‌سیله یوتولسون.

(حالیسنك اوزرنده ترك یاتیشه. بر طرفنده روسیه و انگلتره هانگیسی یكیلبلر)

RÉVOLTE AU SÉRAIL. — *Les odalisques* (en chœur). — A bas, le parti des vieux Turcs, — nous sommes pour les jeunes Turcs.

(*) Les jeunes Turcs apparaissent à la fenêtre du harem.

اوطه لقلر يكدلز باده . باشسوزلنه اختيار تركلر بز كنجلري استيه.

(پنجره ده كنج تركلر كورينيورلر.)

A NOUVEAU UN SUCCÈS POUR L'AUTRICHE

— Le baron Ærenthal a obtenu du Sultan l'autorisation de construire un chemin à la presqu'île des Balkans.

(*) Ce chemin est, on le voit, un chemin pour quilles, — *Kegelbahn* — jeu fort répandu en Allemagne.

(*Kikeriki*, de Vienne, 20 février et 2 août 1908.)

آوستريانك يكى بر موفقيتى

بارون ده رنتال بلقانلرده يكى بر شمندوفر خطى انشاسنك امتيازنى آلمشدر.

ENCERCLEMENT

Le Sultan. — Willi (l'empereur Guillaume) a parlé de la politique d'encerclement. Je voudrais bien le voir à ma place.

(*Kikeriki*, de Vienne, juillet 1908.)

سلطانه. آلمانه امپراطوری احاطه پولیتیقه‌سندن بحث ایتمشده
بنم یرمده اولسه ایدی نه یاپاجغنی بیلمک

PROVERBES TURCS ILLUSTRÉS

1. « Le Sultan s'en va ! »
2. « Le Sultan reste. »

(*Kikeriki*, de Vienne, août 1908.)

(*) Et il est allé se terrer dans une cave, dans la crainte que les réformes ne le « réforment » lui aussi.

سلطان قاليور. اصلاحات كنديسنى ده اصلاح ايدرلر قورقو-
سندن مخزنده گيزلنمش.

تركجه مصور ضرب امثال

سلطان گيديور.

LA CONFIANCE D'ABDUL-HAMID

— N'ai-je pas encore dans la main la poignée de cette épée !

(*Kikeriki*, de Vienne, août 1908.)

عبد الحميدك امنيتی
الويردکی شو قبضهٔ سيف الده قالسونه

RAPPROCHEMENTS TURCO-BULGARES

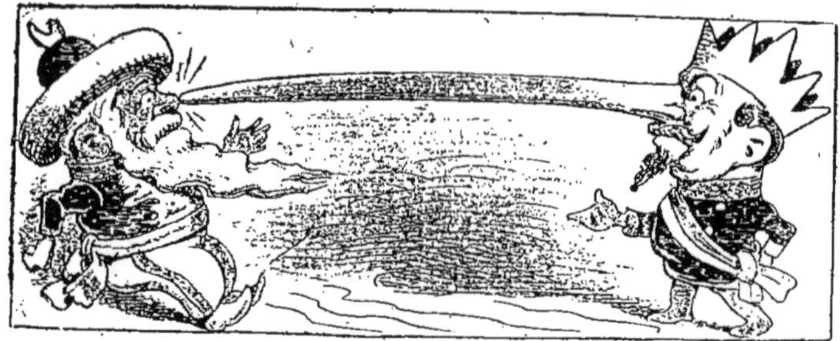

— Mon petit Ferdinand, tu es à la fois si près et si loin !

— Le Sultan hors de lui en constatant que Ferdinand ne lui montre après tout qu'un long nez.

Le comte Goluchowski. — Il me semble, en vérité, qu'ils se payent ma tête.

(*Kikeriki*, de Vienne, 1908.)

RÉVOLUTION EN TURQUIE

— Le Sultan se « gondolant » à la vue de la tête que font les Puissances européennes.

— Le mouvement turc fait, pour ainsi dire, tomber en catalepsie les joyeuses puissances balkaniques.

(*Kikeriki*, de Vienne, septembre 1908.)

(*) C'est-à-dire surprise de l'Europe en voyant l'Homme malade prêt à envoyer promener ses béquilles et à marcher de ses propres forces.

ترکیاده اختلال

دول اوروپانك هیئتنی سلطان گوردکجه قلقله‌یه بایلیور

— L'Angleterre et la Russie cherchant à empoigner « l'Homme malade » sous les bras.

(*Kikeriki*, de Vienne, 1908.)

انكلتره و روسیه (خسته آدمی) قولتقلرندن طوتمغه استیورلر

CELA EST VRAI

Le Turc. — Ce doit être le Russe qui m'a mis ce pou dans ma fourrure.

(*) Ce pou, c'est *la Serbie.*

— Il voudrait bien, comme son collègue, le Sultan du Maroc, pouvoir franchir la frontière.

(*Kikeriki,* de Vienne, décembre 1908.)

بو صحيح !..

LA CONSTITUTION DU SULTAN

Le Sultan. — Ah ! combien agréable l'époque où j'étais encore « l'Homme malade » et où j'étais protégé par les Puissances.

Caricature de F. Graetz (*Der Floh*, de Vienne, 1908).

سلطانك بیانی

او نه موتلی زمانده ایدی ! بکا خسته آدم دییب بین الدول

محفوظ طوتیلیوردم .

LE BILAN

Le chef (personnifiant le Sultan). — Le bilan doit être plus mauvais que jamais, n'est-ce pas ?

Le teneur de livres (c'est-à-dire le grand-vézir). — Tout au contraire, padischah. Il y a plus de trente ans déjà que nous avions rayé la Bosnie, et le Sandjack, lui, est redevenu bon.

Caricature de F. Graetz (*Der Floh*, de Vienne, 1908).

رئیس (یعنی سلطان) هر وقتدن زیاده حسابلر شمدی فنا اولملیدرلر

دفتردار (یعنی صدراعظم) بالعکس بوسنه سنجاغنی بوزمشق او توز سنه‌در ودها ایولشدی

LES BONS AMIS

Le Turc (tous l'agrippant, l'enserrant, chacun avec l'idée de vouloir le protéger). — Allah ! protège-moi contre mes amis, ils m'étouffent par amour !

(*Wiener Caricaturen*, 1908.)

(*) Au premier rang, M. Fallières et la Russie.

ایو دوستلر

ترك (هركس وقايه اتمك ايستيور) شو دوستلرمدن الله بنی محافظه

ايتسن محبتلرندن بنی بوغاجقلر.

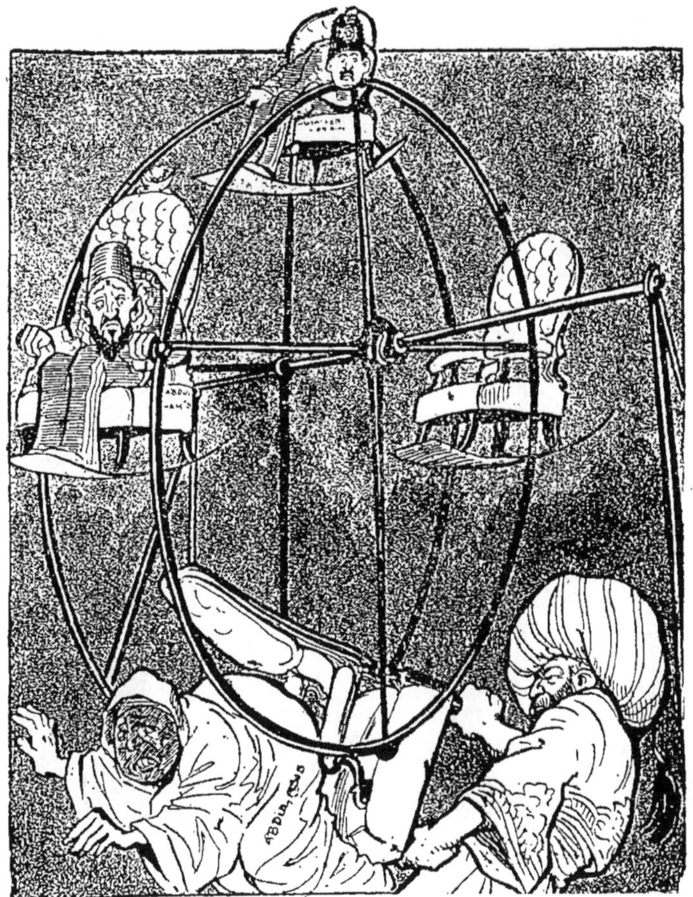

Le sultan Abdul-Hamid. — Par la barbe du prophète ! c'est mon frère bien-aimé, le sultan du Maroc ! Allah, protège-moi !

(*Bolond Istock*, de Budapest, 1908.)

(*) En haut, prêt à y passer à son tour, le shah de Perse.

سلطان عبدالحميد. الله الله عزيزم برادرم مراكش سلطانی
در. ربم سكا توكل ايدرم!
يوقاريده گورنان ايران شاهی در

DEPUIS LA CONSTITUTION

L'eunuque. — Très Haute Majesté ! les femmes du harem sont en révolution !

Abdul-Hamid. — Elles ne sont donc pas satisfaites de ma constitution ?

L'eunuque. — Non, Majesté ! Elles ont, toutes, donné leurs voix aux Jeunes-Turcs !

(*Pasquino*, de Turin, 2 août 1908.)

قانون اساسیدن بری

افندم حرم اعلان عصیان ایتدی. بکا قارشی می؟ خیر افندم

هپسی ده برآعت گنج ترکلری طلب ایدیورلر

L'AMNISTIE AUX DÉLINQUANTS DE DROIT COMMUN

Le coupable turc. — Notre liberté, vous ne pouvez même pas vous la figurer. Voyez ? On nous met en liberté !... nous aussi !...

Les véritables assassins d'Arvedi... et d'autres. — Mais tu es fou !... chez nous, on est toujours dehors !

(*Pasquino*, de Turin, 9 août 1908.)

(*) Les véritables assassins étant restés inconnus, au lieu et place de leurs figures, le dessinateur a mis des X.

قانون اساسیده جنکیره

عفو عمومیده جنکیره جنایتکارلردن برکیسی . — سز بزم حریتمزی کبی تصور بیله
ایده مزسکز بزی ده صالیویردیلر — بزده حقیقی قاتللر دائما اچقده کزرز

LE JEUNE TURC

— Inutile d'insister. Il est trop tard pour faire le jeune-Turc.

(*Pasquino*, de Turin, 1908.)

(*) Le qualificatif de *Jeune-Turc* pris par le parti des réformes devait donner lieu, et a donné lieu, naturellement, à d'amusantes allusions. Sur certaines images on le verra, au contraire d'ici, transformer les Vieux-Turcs en d'ardents adolescents, sans en faire, toutefois, des partisans des idées nouvelles.

كنج ترك

اوزوده سوزه حاجت يوقدر. آرتق كنجلشمك ايچون چوق كچ قالمشدر

(كنج كلمه‌سى ايكى معنايى افاده ايتدكندن بوراده ايكى معناده استعمال ايدلمشدر)

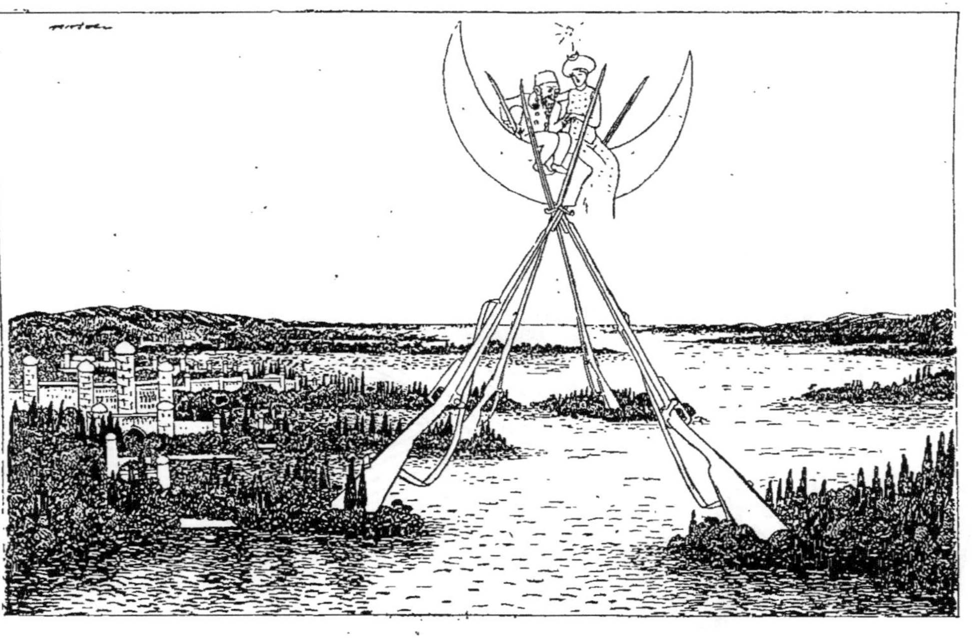

DEMI-LUNE DE MIEL ENTRE LE SULTAN ET LA JEUNE TURQUIE

— L'idylle s'accomplit sur des bases solides ! Mais qu'Allah veille soigneusement à l'équilibre !

Caricature de Nirsoli (*Pasquino*, de Turin, 1908).

جوان ترکلر ایله عبدالحمید بیننده مناسبات عاشقانه

الله سوزی محققده اکسیک سوله

LA LIBERTÉ EN TURQUIE

« Les femmes sont faites pour vivre... sans voiles. »

— Haut les cœurs et à bas les voiles !

(*Pasquino*, de Turin, 1908.)

(*) Caricature ayant pris pour thème la révolution accomplie dans les mœurs de la Turquie par le fait de l'abandon du voile pour les femmes, dans la rue.

ترکیاده حریت

قادینلر یوزلرینی قپامق ایچون دنیایه گلمه مشلردر. قلبلر ایچون مشعله

اشاغیه! (قادینلر حقنده مسرتلی فکرلرینی تنسیقات)

QUEL MODE D'INTERVENTION

— C'est ma chair que vous voulez, race d'anthropophages ? Par Allah ! je vous la ferai payer cher... le kilo : Apprêtez vos... sous !

Caricature de Dalsani (*Il Fischietto*, de Turin, 1908).

(*) Avec son croissant de lune, changé pour la circonstance en couteau à hacher, le Sultan se prépare à débiter lui-même les morceaux de sa chair et à les peser sur des balances préparées à cet effet. C'est la Bosnie, c'est l'Herzégovine, c'est Novi-Bazar, c'est la Roumélie, dont les noms se lisent distinctement sur ses jambes. Dans le fond, à droite, sur l'affiche, on lit : *Débit de charcuterie turque. Prix de liquidation.*

بزم طرز مداخله‌مز؟

اتمی ایستیورسکز سزده کبی بربری وحشیلر! سزه طرزلیجه اولجه
کیسه‌کزی اچیکز بقایم.

LA JEUNE TURQUIE CHEZ ELLE

— Titoni et Ærenthal ont convenu de placer leurs deux nations amies, dans un état d'expectative... bienveillante à l'égard de la Jeune-Turquie; — celle-ci laissant les régions balkaniques pour s'organiser sur des bases libérales.

Caricature de Dalsani (*Fischietto*, de Turin, septembre 1908).

(*) La jeune Turquie, que la Réaction essaie vainement de retenir par les cheveux, foule aux pieds la rapacité et les abus des fonctionnaires et va pour tirer l'oreille au Sultan qui a laissé les populations croupir dans l'ignorance. L'Italie et l'Autriche sont représentées, ici, à l'entrevue de Salzbourg.

تیتونی و ده رنتال کندی مملکتلرینی کنج ترکیانک تأسسنه دکین انتظار تشویقه
ایدیورلر . عکس العمل طرفدارلری بیهوده اجراءاته ملتک تأسیساتنی
امحا ، ایکنجی جالشیورلر داخلیه جاهل قالمسنه سبب اولنمغی تقبیح ایدیور ...

« RETENEZ-MOI, PARCE QUE JE VEUX FAIRE LA GUERRE !

— Les Balkans retentissent de toutes parts de ce cri... mais, en attendant, personne ne bouge parce que s'ils ont tous des canons, il leur manque les munitions et ce qui constitue *le nerf de la guerre*, autrement dit les millions.

Caricature de Dalsani (*Fischiello*, de Turin, octobre 1908).

بنی طوتیکز بوغزه محاربه ایده‌جکم

تکمیل بلقانلری استیلا ایده‌ن صوت بودر. حالبوکه کیمسه یرندن حرکت
ایتمیور زیرا هپسنک طوپی واردر فقط سائر لوازمات عسکریه‌سی مفقوددر

AUX BAINS DE MER

Le shah de Perse. — Tiens bon, Abdul. Entres-y, ne serait-ce que pour faire voir que tu n'as pas peur. Tu pourras toujours en sortir, si tu ne t'y plais pas.

L'Homme malade. — Oui, mais c'est si froid !

Caricature de Bernard Partridge (*Punch*, de Londres, 1908).

دکز حمامنده

ایران شاهی — صیقی طوركز حمید! قورقمدیغکزی كوسترمك ایچون ایچرو كیر. اكر خوشلانمازسه‌كز چیقابیلورسكز.

خسته آدم — اما چوق صوغوقدر.

— Brave dindon ! A première vue j'ai eu quelque peine à vous reconnaître sous ce nouveau plumage.

(٦) واه عزیزم هندی طاوقی! برنجی باقشده سنی بو قیافتده طانیه‌مدم.

Le Sultan (nouveau style). — Cela est vraiment dur pour moi ; juste au moment où j'essayai d'être un ange.

Caricatures de J.-C. Gould (*Westminster Gazette*, de Londres, 1908).

(٧) والله بو بکا پك کوچ کلیور. تام شمدی بر ملك کلیغنه کیریوردم

LES ENTHOUSIASTES

LE SULTAN ABDUL-HAMID DE TURQUIE

— « Mon désir le plus ardent est le bonheur de mes sujets. Depuis mon avènement au trône j'ai travaillé, sans relâche, pour la prospérité de la Patrie ! Et voilà une Constitution pour vous rendre heureux. »

Caricature de Orion (*Uilenspiegel*, de Rotterdam, 8 août 1908).

مفتونلر

اهالیمک اوغوری ایچون هر بر شیئی فدا ایتدم جالی اورنگ اولالی
وطنک سلامتنی تعقیب ایتدم. سعادتکز ایچون ایشته قانون اساسیی
ویریورم. — (دوقتور ایوانه) کوچ ساعت ..

AVANT LE CHOCOLAT LIBÉRAL	APRÈS LE CHOCOLAT LIBÉRAL
— Laquelle de nous aura l'honneur d'être aujourd'hui votre préférée ?	— Alors, tu oses me traiter ainsi, moi, une citoyenne ?

(Ò *Seculo*, de Lisbonne, 1908.)

احرارایه چقولاته سندن اول. — بزدن عجبا　　احرارایه چقولاته سندن صکره. —
بزدن هانکیسی انتخاب اولنمق شرفنه نائل اوله جقدر — سن بنم ایله بویله معامله ایتمکه جسارت ایدیورسک !

LE CAUCHEMAR DU SULTAN

Abdul-Hamid. — Oui, oui, mes chers amis, je vous en donne à nouveau l'assurance, je respecterai la Constitution, toute ma vie.

(*Weekblad voor Nederland*, d'Amsterdam, août 1908)

سلطانك مدهش بر رؤیاسی

عبدالحمید. اوت. اوت. سوگیلی دوستلرم سزی تأمین ایدرم که

صوڭنه قدر قانون اساسیی محافظه ایده‌جکم

BALCANNERIES (dans le sens de *boucan, lapage*).

L'Europe au Turc (qu'elle tient sur ses genoux). — Laisse courir ces moutards. Ne te mets pas en colère pour une pareille bagatelle ! Est-ce que je ne suis pas toujours ta meilleure amie ?

Caricature de Orion (*Uilenspiegel*, de Rotterdam, octobre 1908).

بلقانغره دائر

اوروپا ترکیایه خطاباً ـ که دیزلرینک اوزرنده اوتوردیور ـ چوجقلری قوی
ویریکزه . دکل برشی ایچون اوقدر حدتلنیورم . سنک ان ایو دوستک دکلمیم
برآز دها حکم ویریلمک .

LE JUGEMENT QUI SERA BIENTOT PRONONCÉ

« La Cour suprême d'Europe :

« Vu le Code de droit international, titre A, paragraphe 4 ;

« Considérant qu'Abdul-Hamid est le propriétaire légal de la Bosnie, de l'Herzégovine, de la Bulgarie et de la Crète ;

« Considérant que les inculpés, dont quelques-uns se trouvent être des récidivistes, extrêmement dangereux, se sont approprié nuitamment, et par bris de clôture, les biens d'Abdul-Hamid ;

« Faisant justice en vertu des principes éternels du Droit et de l'Équité ;

« Déclare Hamid non recevable en sa réquisition ;

« Et ordonne que les possessions susnommées seront remises dans le plus bref délai aux mains de ces trois estimés seigneurs cambrioleurs. »

Caricature de Johann Braakensiek (*Weekblad voor Nederland*, d'Amsterdam, octobre 1908).

(*) Les trois accusés sont, est-il besoin de le dire, François-Joseph d'Autriche, Georges de Grèce et Ferdinand de Bulgarie. Quant à la Cour suprême d'Europe, elle est présidée par Edouard VII ayant pour assesseurs le tsar et Fallières.

اوروپا محکمهٔ عالیه‌سی

شرائط عمومیهٔ الملل موقعیه عبدالحمیدک تحت حاکمیتنده بولنان هرسک بوسنه بلغارستان

کرید و بعضیلری متهم اولان شو بعضیلری طرفندن حقی اوغرلانمش اولدیغنه عدالت و حقانیته

مبنی عبدالحمیدک هیچ بر الجغی یوقدر و املاک مذکوره‌نک سارقینه محترمه‌یه اعاده

اولنمسنه حکم ویردی

VIEILLE TURQUIE

— Voici ce qui en résulte quand on n'y est pas habitué. Je suis absolument troublé.

Caricature de Johann Braakensiek (*Weekblad voor Nederland*, d'Amsterdam, 1908).

(*) Le brave vieux Turc est quelque peu *ému* pour avoir goûté au vin de la *Constitution*.

اسکی ترکیه . — باده نه قدر فنادر . آلشمدیغم بر شی اولدیغی ایچون باشم اغریور

Les Prussiens. — Mon Dieu! que faites-vous? Ne sommes-nous donc pas vos amis?

Les jeunes Turcs. — Dehors! Sortez une bonne fois de dessous ce fauteuil, sans bruit seulement, pour ne pas alarmer le jeune ménage!

L'Allemand. — Tranquillise-toi, Hamid! Tout n'est pas perdu, tant que je trafique avec vous pour de nouvelles conventions.

Abdul-Hamid. — Laisse-moi la paix, mon vieil ami. Je suis réduit à l'impuissance par mes propres enfants et privé de mes droits civils. Je ne puis, donc, signer aucune convention.

(*Mucha*, de Varsovie, 1908.)

آلمانیه. [illegible]
[illegible] آلمانیه [illegible] عبدالحمید
[illegible]

A CONSTANTINOPLE

Abdul-Hamid. — Je les ai crétinisés pendant tant d'années, et, pourtant, cette racaille paraît être intelligente puisqu'elle ne se laisse pas prendre à mes pièges.

(*Mucha*, de Varsovie, 1908.)

(*) Sur le dos du personnage placé au premier plan, on lit : *Jeune-Turc.*

استانبولده

بن اوقدر سنه‌لر اونلرك كوزينى بويادم هم ماهيته شمدى كوريورم كه

طوتمیور (اوكده كورنن آدملك اوزرينه ژون ترك يازلمشدر)

UNE NOUVELLE ALLIANCE MATRIMONIALE

(*) L'union de la Turquie et de l'Autriche bénie par la Prusse qui officie au milieu de cierges reposant sur des fusils. Cette image fait allusion à un article de la *Norddeutsche Allgemeine Zeitung* qui fit quelque bruit lors de sa publication.

(*Mucha*, de Varsovie, 1908.)

یکی بر ازدواج

ترکیا و اوستریانک ازدواجنده حضورلی پروسیا دعا قیلیور
مومهلر تفنکلرک اوجنه دیکلمشدر (نوردویچه الگمانه
تسایتونغ ده بو خصوصده بر مقاله نشر اولنمشدر)

L'IMPÉRIAL VOISIN

— Ne te fâche pas, mon cher, si je te déshabille un peu. Tout tailleur raisonnable te dira que les pantalons que je te laisse te sont autrement utiles que te le serait la meilleure des vestes.

(*Mucha*, de Varsovie, 1908.)

(*) L'Autriche enlevant à la Turquie la Bosnie-Herzégovine et lui laissant le sandjak de Novi-Bazar.

محتشم قونشومز

سنى صويندرديغمز ايچون حدتلنمه قرداشم هانكى ترزيه ايستك صوره

سكا براقديغم پانطالونلر جاكتلردن الزمدر .

REGARDONS L'ORIENT

— Assis sur des canons et des fusils, le monde des diplomates a souci de la paix. Elle règne en haut, mais dans les bas-fonds se préparent de terribles déchaînements. Déjà le monde oriental sort de son assoupissement. Regardons l'Orient. Une aube se lève dans le pays du Mikado qui jette ses clartés sur la race jaune et projette sa lumière sur la mer de Chine. Cinquante millions d'hommes s'éveillent, qui ne veulent plus courber la tête devant l'Européen.

Regardons l'Orient. Le pays du Lion et du Soleil se baigne dans le sang. La terreur gagne de proche en proche. Tantôt c'est le peuple et tantôt c'est le Shah qui a le dessus. Des deux côtés on est prêt à de sanglantes luttes, mais la Perse s'avance vers la Liberté. Regardons l'Orient.

شرقه طوغرى. طوپلر و تفنكلر اوستنه اوطورمش اولان ديپلوماتيق
صلحده بحث ايدييورلر. بعضاً اجتماعيتك مراتب سفليه سنده موجوددر
فقط انقلابى دهشتناك [illegible]

Des miracles s'accomplissent dans l'empire des Osmanlis. Les semailles de la Jeune-Turquie mûrissent. Et, chose jusqu'ici sans précédents dans l'histoire, une Constitution surgit sans qu'il y ait effusion de sang.

La Turquie a assez de la protection des Puissances européennes. Elle entend marcher en peuple libre. Le jour des réformes décisives est proche.

Regardons l'Orient.

L'un et l'autre Orient ont la main qui leur démange. Déjà se lève une poussière sanglante. Le vent ne balayera-t-il pas vers le vieil Occident ces nuages et ces tempêtes ?

— C'est cela. Sors-leur de l'armoire ou elle était rangée la Constitution de 1876.

(*Mucha*, de Varsovie, 1908.)

ممالك شرقیه‌نزده معجزات وقوع بولمقده در. گنج ترکیانك تخمری
ثمره ویرمه اولیورلر و شیمدی‌یه قدر مسبوق‌نه بر مشروطیت حصوله گلدی. شرقه طوغری
[illegible]

LA TURQUIE MODERNISÉE

— « Nous prendrons ce qu'il y a de bon et de vivant en Europe » [Déclaration du ministre ottoman des Travaux publics répondant à une interview].

1. Par exemple, quelques rencontres de chemin de fer. — 2. Un peu de réunions grévistes. — 3. Un peu d'agitation gréviste. — 4. Un peu d'esprit de corps. — 5. Un peu d'antimilitarisme. — 6. ... Et la Turquie s'apercevra bien vite que l'arbre de la liberté ne porte guère plus de fruits que le bâton des vieilles institutions.

(*Il Pasquino*, de Turin, août 1908.)

یکیلشمش ترکیا. اوروپاده نه که ایو و حیات قابلیتی وار ایسه آلاجغز (نافعه ناظرینک افاده‌سی)
مثلا شمندوفر چارپیشمالری، برآز اعتصاب اجتماعاتی و غیره. ترکیا او زمان شجرهٔ حریتک حاصلاتی استبداد قمچیسندن آرتق اولمدیغنی گوره‌جک

EN TURQUIE

Un jeune Turc. — Par Allah ! Vous aviez soigneusement fermé l'étable et voilà que ce taureau s'est, à nouveau, échappé ! Que faire ?

Un autre jeune Turc. — Ne craignez rien. Nous aurons raison de cet animal, déjà à moitié crevé. Seulement éloignez les poursuivants pour qu'ils ne l'excitent pas davantage.

(*Mucha*, de Varsovie, 1908.)

(*) Les poursuivants, c'est l'Allemagne, l'Autriche et la Russie. La Constitution, bercée par les Jeunes-Turcs, est, comme on le voit, encore au berceau.

ترکیاده

[illegible]

[illegible]

A CORFOU. — Qu'en dis-tu, Bulow ? Penses-tu qu'ainsi je ferais de l'effet à Constantinople ?

— Oh ! Majesté ! A vrai dire, Votre Majesté a une mine si superbe que Mahomet lui-même ne serait pas digne de lui attacher son fixe-moustaches.

(*Mucha*, de Varsovie, 1908.)

(*) Guillaume II en Sultan, en Turc, c'est la conclusion logique ! La manière forte représentée par des allures et des attitudes de *Vieille-Turquie*.

قورفوده

سن نه دیرسڭ بولو؟ نصل ایدر ظن ایدیورسڭ که بنی بویله استانبولده گوزل
بولجقلرمی؟ — معظم افندم. محمد بالذات بیقلریڭزی باغلامغه جسارت ایده‌مز

www.ingramcontent.com/pod-product-compliance
Ingram Content Group UK Ltd.
Pitfield, Milton Keynes, MK11 3LW, UK
UKHW021128220726
13924UKWH00004B/1965

9 782019 925710